10대를 위한
데일 카네기 성공대화론

Dale Harbison Carnagey

데일 카네기, *Dale Harbison Carnagey*

데일 카네기는 1888년 미국 미주리 주에 있는 한 농장에서 태어났습니다. 어린 시절 자연 속에서 자라나며 책읽기를 즐겼지요. 그때의 경험은 성인이 된 후에도 인간에 대한 이해, 세상에 대한 이해를 높이는 데 큰 영향을 끼쳤습니다.

데일 카네기는 항상 '사람을 사귀고 친구를 만드는 능력'에 대해 강조했습니다. 그와 같은 그의 생각은 『데일 카네기의 인간관계론』·『데일 카네기의 자기관리론』·『데일 카네기의 성공대화론』으로 정리되어 큰 인기를 끌었지요. 이 책들은 지금까지 전 세계에서 6천만 부 이상 판매되며 베스트셀러로 자리 잡았습니다.

[책을 열며] 대화와 연설을 잘하는 방법

 인간은 언어 활동을 합니다. 몇몇 동물들도 아주 단순한 수준의 언어 활동을 하지만, 결코 사람에 비할 바는 아니지요.

 그중 '말'은 일상생활을 해나가는 데 가장 중요한 의사소통 수단입니다. 대부분의 사람들은 눈을 뜨는 순간부터 잠자리에 들기 전까지 끊임없이 누군가와 말을 주고받으며 생각을 조율하고 행동을 결정합니다. 말은 주변 사람들과 감정을 나누는 도구라고도 할 수 있지요.

 말의 형식은 다양합니다. 나와 다른 사람 사이에 일대일로 이루어지는 대화가 있고, 여러 사람들이 한자리에 모여 서로 이야기를 주고받는 형태가 있지요. 또한 여러 사람들 앞에서 특정한 사람이 자신의 주장을 펼치는 연설도 말의 한 형식이라고 할 수 있습니다.

나는 오랫동안 강연 활동을 해왔습니다. 나 혼자 다수의 사람들 앞에서 어떤 주제에 대해 이야기를 해왔으니, 그것을 일종의 연설이라고 할 수 있겠지요. 그동안 적지 않은 사람들이 나의 연설을 듣고 삶을 변화시켰다고 고백했습니다.

하지만 내가 처음부터 연설에 소질이 있었던 것은 아닙니다. 대부분의 사람들이 그렇듯 대중을 상대로 혼자 이야기를 이끌어가는 일이 결코 만만치 않았지요. 잘 알고 있는 내용을 말하면서도 버벅대기 일쑤였고, 등에는 자주 식은 땀이 흘렀습니다. 나는 강연 활동을 하면서 말의 힘과 연설의 중요성을 절실히 깨달을 수밖에 없었지요.

그래서 나는 강연 활동하는 틈틈이 성공적인 인간관계에 꼭 필요한 대화 방법, 나아가 연설 방법에 대해 고민했습니다. 나의 경험과 다른 인물들의 사례를 통해 바람직한 대화와 연설 방법을 하나둘 정리했지요. 그렇게 맺은 결실이 바로 이 책 『10대를 위한 데일 카네기 성공대화론』입니다. 앞서 펴낸 『10대를 위한 데일 카네기 인간관계론』, 『10대를 위한 데일 카네기 자기관리론』의 뒤를 잇는 어린이 자기계발 시리즈의 마지막 편이라고 할 수 있지요.

　나는 『10대를 위한 데일 카네기 성공대화론』을 통해 여러분이 부모님과 선생님, 그리고 친구들과 서로 원활히 소통하는 방법을 깨닫게 되기를 희망합니다. 또한 여러분이 다른 사람들 앞에서 자신의 의견과 주장을 펼쳐야 할 때 논리 정연하게 상대방의 관심을 이끌어내는 성공하는 연설자가 되기를 바랍니다.

이 책은 연설에 앞서 자신감을 키우는 단계부터 시작해, 나의 연설을 통해 상대방의 변화를 불러오는 단계까지 다양한 내용으로 구성되어 있습니다. 어린이 여러분이 하나씩 차분히 읽고 이해하다 보면 어느새 대화와 연설에 자신감을 갖게 되리라 믿습니다.

그럼, 대화와 연설을 잘하려면 어떻게 해야 하는지 나와 함께 탐구해 볼까요?

Dale Harbison Carnagey

- 목 차 -

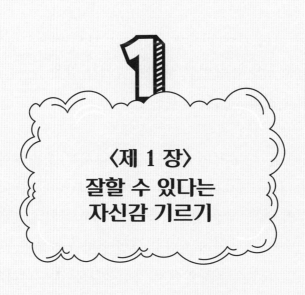

〈제 1 장〉
잘할 수 있다는
자신감 기르기

〈첫 번째 이야기〉 처음에는 누구나 두려운 법이야

지금까지 나의 강연을 들은 수강생은 모두 2만여 명에 달합니다. 그들 중 상당수는 여러 사람들 앞에서 말을 좀 더 잘하고 싶다는 바람을 갖고 참석했지요.

"사회 활동을 하다 보면 사람들 앞에 나서서 말을 해야 할 때가 종종 있습니다. 그때마다 너무 부끄럽고 두려워 머릿속이 새하얘지고는 하지요. 무슨 말부터 어떻게 해야 할지 갈피를 잡을 수 없습니다. 아, 그 순간이 지나고 나면 얼마나 후회가 밀려오는지요. 저도 앞으로는 남들 앞에서 자신감을 갖고 당당하게 이야기하고 싶습니다."

아마도 이렇게 고민을 털어놓은 사람들이 수백 명은 될 것입니다. 나는 그 사람들에게 말했지요. 몇 가지 원칙만 잘 따르고 충분히 연습하면 누구나 훌륭한 연설을 할 수 있다고요. 그리고 당신이 알고 있는 이름난 연설가들도 처음에는 크나큰 두려움을 느꼈다고요.

나의 말은 괜한 위로가 아니었습니다. 실제로 어린이 여러분이 잘 아는 여러 위인들도 처음 대중 앞에 나설 때는 평범한 사람들 못지않게 바짝 긴장했지요.

그중 한 사람이 『톰 소여의 모험』을 지은 마크 트웨인입니다. 그는 "처음에 강연하려고 일어섰을 때의 기분을 지금도 잊지 못합니다. 입은 마치 솜으로 꽉 틀어막은 듯했고, 맥박이 정신없이 뛰었지요."라고 고백했습니다. 그뿐 아닙니다. 미국 남북 전쟁의 영웅 율리시스 그랜트 장군도 처음 대중 앞에서 연설할 때 다리가 후들거렸다는 일화를 털어놓았지요. 숱한 전쟁을 승리로 이끈 군인도 긴장할 만큼 연설은 절대 쉬운 일이 아닙니다.

그 밖에도 대중 연설의 어려움을 솔직히 이야기한 위인들은 더 있습니다. 프랑스 정치인 장 조레스는 처음 의원에 당선되고 나서 1년 동안 연설 자리를 피해 다녔다고 말했지요. 영국 정치인 로이드 조지는 "나는 정치를 시작하고도 한동안 연설이 무척 부담스러웠습니다. 연단에 서면 혀가 입천장에 달라붙은 것 같은 느낌이 들 정도였지요."라고 고백하기도 했습니다.

대개 정치인들은 사교적인 성격에 달변가로 알려져 있습니다. 곳곳에서 수많은 사람들을 만나고, 자주 수많은 사람들 앞에서 연설을 해야 하지요. 숫기 없는 성격을 가진 사람은 견디기 힘든 직업입니다. 그럼에도 장 조레스나 로이드 조지 같은 정치인의 고충을 들어보면, 연설이 얼마나 어려운 일인지 짐작할 만하지요.

하지만 무슨 일이든 처음에는 이런저런 난관에 맞닥뜨리게 마련입니다. 연설도 그렇고요. 앞서 예로 든 작가와 군인, 정치인들은 그 시기를 슬기롭게 극복해 곧 훌륭한 연설자로 인정받았지요. 그렇습니다. 내가 이미 설명했듯, 몇 가지 원칙만 잘 따르고 충분히 연습하면 누구나 다 훌륭한 연설을 할 수 있습니다.

대중 앞에서 침착하고 명확하게 연설하는 것이 소수에게만 주어진 특별한 능력은 아닙니다. 굳은 의지만 있다면 누구나 잠재력을 발휘할 수 있지요. 그러려면 가장 먼저, 청중을 자신을 심판하는 두려움의 대상으로 여기지 말고 긍정적인 자극제로 바라봐야 합니다. 곰곰이 생각해보면 모든 것은 심리적인 문제지요. 청중을 늘 만나는 친구같이 바라보도록 반복해서 마음과 정신을 잘 조절하면 조금씩 자신감과 용기가 샘솟게 됩니다. 그것이 연설을 잘하게 되는 변화의 첫걸음입니다.

고대 로마의 정치가이자 작가였던 마르쿠스 키케로는 대중 연설의 진정한 매력이 긴장감에 있다고 말했습니다. 그러니까 대중 앞에 섰을 때 느껴지는 긴장감에 불안해하지 말고 그 감정을 즐기라는 의미지요. 키케로의 말을 실천한 대표적인 인물이 다름 아닌 에이브러햄 링컨입니다. 그의 절친한 동료가 전한 말을 옮겨 보겠습니다.

"연설을 통해 지지자들을 감동시키는 링컨도 처음에는 무척 서툰 모습을 보였습니다. 자신감 없는 태도에 목소리마저 작아 입 안에서만 맴돌기 일쑤였지요. 인물도 썩 좋지 않은 사람이 행동까지 어정쩡해 옆에서 지켜보는 사람들이 더 불안할 지경이었습니다. 하지만 링컨은 자신의 단점을 바로잡을 줄 아는 슬기로운 사람이었습니다. 그는 머지않아 연단에 올라가 실패를 두려워하지 않는 자세를 보였지요. 나중에는 청중이 많을수록 오히려 그 분위기를 즐기는 단계로 올라섰습니다. 그게 다 연설에 대한 자신감과 용기를 스스로 북돋워낸 덕분이었지요. 그러자 그가 갖고 있던 특유의 따뜻함과 진실함까지 빛을 발해 누구보다 감동적인 연설을 하게 됐습니다."

나는 링컨 같은 사람만 그와 같은 변화가 가능하다고 생각하지 않습니다. 지금 이 책을 읽는 어린이 여러분도 마음먹기에 따라 충분히 훌륭한 연설가로 변신할 수 있지요. 그 구체적인 방법을 4가지로 정리해 보겠습니다.

〈두 번째 이야기〉 훌륭한 연설가가 되는 첫걸음

앞서 나는 몇 가지 원칙만 잘 따르고 충분히 연습하면 누구나 훌륭한 연설을 할 수 있다고 말했습니다. 그 원칙을 4가지로 구분하면 다음과 같습니다.

첫째, 강력한 의지를 갖고 시작하라.

무슨 일이든 굳은 의지를 가져야 성공의 확률이 높아집니다. 어른들이 하는 사업이든, 어린이 여러분이 하는 공부든 마찬가지지요. 의지는 곧 열정을 불러일으킵니다. 열정이 있어야 자기가 가진 능력을 최대한 쏟아 부을 수 있습니다.

만약 여러분이 연설을 잘하고 싶다는 희망을 품는다면, 당연히 굳은 의지를 가져 열정을 불살라야 합니다. 반드시 훌륭한 연설가가 되겠다는 결심부터 해야 하지요. 연설을 잘한다는 것은 다른 사람들에게 말로써 설득력을 갖는 것입니다. 설득력이 있어야 상대방을 내가 바라는 대로 움직이게 할 수 있습니다.

"설득력 있게 말하는 것만큼 확실한 성공을 이루는 방법은 없다."

이것은 미국 정치인 촌시 데퓨의 말입니다. 우리가 일상생활을 해나가는 데 설득력이 꼭 필요하고, 설득력을 높이는 연설의 기술이 중요하다는 뜻이지요.

여러분이 많은 청중 앞에서 연설하는 장면을 상상해 보세요. 그들이 여러분의 이야기에 고개를 끄덕이며 공감을 표한다면 얼마나 기분이 좋을까요. 나아가 그들이 여러분이 주장하는 대로 삶을 변화시킨다면 또 얼마나 보람이 클까요. 그런 연설을 하다 보면 말로 다 표현할 수 없는 짜릿한 기분을 느끼게 마련입니다. 그 첫 단계가 다름 아닌, 강력한 의지를 갖는 것입니다.

둘째, 내가 말하려는 내용에 대해 철저히 공부하라.

우리 주변에는 자신의 주장을 강하게 내세우는 사람들이 적지 않습니다. 그런데 그중 일부는 자기가 하는 말이 무슨 뜻인지 정확히 알지 못한 채 목소리만 높이고는 하지요. 그런 사람들일수록 타인의 의견에는 귀를 닫고 맥락 없이 별 의미 없는 이야기만 반복합니다.

그러므로 훌륭한 연설가로 평가받으려면, 무엇보다 자기가 하는 연설 내용을 스스로 완벽히 이해하고 있어야 합니다. 청중 앞에서 이야기하려는 내용을 미리 철저히 공부해둬야 하지요. 자기도 잘 알지 못하는 것을 남들에게 정확히 설명할 수는 없으니까요.

그렇게 부정확한 정보를 다른 사람들에게 섣불리 이야기했다가는 도움은커녕 심각한 피해만 입히게 됩니다.

우리는 이따금 길을 몰라 다른 사람에게 도움을 청할 때가 있습니다. 그런데 상대방 역시 길을 잘 모르면서 자신만만하게 엉뚱한 방향을 가리켜주는 경우가 있지요. 그러면 차라리 "저는 그 길을 모릅니다."라고 솔직히 말하는 것만 못한 결과를 낳게 됩니다. 연설도 그와 다르지 않지요. 내가 다른 사람들 앞에서 말하려는 내용에 대해 철저히 공부해두지 않으면 잘못된 길을 알려줘 상대방이 큰 곤란을 겪게 됩니다.

셋째, 자신감 있게 행동하라.

미국 제32대 대통령 프랭클린 루스벨트는 자서전을 통해 다음과 같이 고백했습니다.

'나는 어렸을 때 몸이 약하고 수줍음이 많았다. 커서도 자신감이 없었다. 하지만 열심히 훈련해 정신을 강하게 단련시켰다. 그 무렵 우연히 읽은 한 권의 책이 계기가 되었다. 거기에는 어느 군함의 함장 이야기가 나온다. 그는 부하들에게 누구나 전투는 공포스럽지만, 마치 두려움이 없는 것처럼 자기암시를 하다 보면 어느새 실제로 용감해진 자신을 발견하게 된다고 충고한다.

그 후 나는 함장이 말한 원리를 따르려고 노력했다. 처음에는 많은 일들이 무서웠지만, 의식적으로 그렇지 않은 듯 행동하자 점차 두려움이 사라졌다.'

나는 어린이 여러분이 루스벨트의 고백을 꼭 가슴에 새겨두기 바랍니다. 미국의 유명한 심리학자인 윌리엄 제임스도 비슷한 이야기를 했지요.

"사람들이 감정에 따라 행동하는 것 같지만 실은 감정과 행동이 함께 움직입니다. 그러므로 유쾌함이 사라졌을 때 다시 기분이 좋아지려면, 실제로 기분이 좋은 것처럼 행동하고 말하는 것이 최선의 방법이지요. 그러니 두려움을 느낄수록 용기 있게 행동해야 합니다. 그렇게 행동하다 보면 두려움이란 감정이 어느새 사라져 버리게 됩니다."

이미 설명했듯, 여러분이 연설을 잘하려면 강력한 의지부터 가져야 합니다. 또한 연설하려는 내용에 대해 철저히 공부해야 하지요. 그 다음에 필요한 것은 바로 자신감입니다.

연설을 위한 모든 준비를 마쳤나요?

그렇다면 이제 숨을 한 번 깊이 내쉬고 자신감 있게 연단으로 걸어 나가야 합니다. 그리고는 청중의 시선을 편안히 즐기면서 잠시 여유를 갖는 것이 좋습니다. 그때 여러분의 심장은 여느 때와 달리 빠르게 뛰겠지만 절대 허둥대면 안 됩니다. 괜히 어쩔 줄 몰라 하며 손바닥을 부비는 것 같은 쓸데없는 동작을 하면 안 됩니다. 그럼에도 꼭 그래야만 한다면, 청중이 보지 못하도록 양 손을 등 뒤로 감추면 됩니다. 양 팔을 벌려 앞에 놓인 탁자에 슬며시 몸을 의지하는 것도 괜찮은 방법입니다.

어느 시대나 어느 지역에서나 인간은 용기를 찬양해왔습니다. 이제 여러분이 그 주인공이 될 차례입니다. 두려울수록, 당당히 두려움에 맞서야 합니다.

넷째, 연습하고 또 연습하라.

수영을 배우려면 어떻게 해야 할까요?

우선 수영을 잘하겠다는 의지를 갖고 기본적인 이론 교육을 받아야 합니다. 그 다음에는 자신감을 가져 물에 뛰어들어야 하지요. 그리고 수영 강사의 가르침에 따라 반복적으로 연습해야 합니다. 자꾸만 연습하고 또 연습해 경험을 쌓다 보면 물속에서 두려움이 사라지게 됩니다. 그러니까 자신감을 키우는 가장 좋은 방법이 연습이라는 것이고, 자신감이 커지면 자연히 두려움이 없어진다는 말이지요.

나는 앞서 훌륭한 연설가가 되는 3가지 원칙을 설명했습니다. 그런데 뭐니 뭐니 해도 지금 이야기하는 원칙이 가장 중요합니다. 지금까지 읽은 것을 전부 잊어버려도 이것만은 반드시 기억해야 합니다.

연습하고 또 연습하는 것! 연설할 때 자신감을 키워 절대로 실패하지 않는 방법은 자꾸 연습해 보는 것입니다. 모든 문제의 핵심은 연습입니다. 연습이야말로 어떤 일을 훌륭히 해내는 필수 요소입니다.

이미 이야기한 것처럼 인간의 용기는 찬양받아 마땅합니다. 진정한 용기는 마음을 안정시키고 침착함을 잃지 않는 가운데 생겨납니다. 그리고 그런 용기는 반복적인 연습 과정을 통해서만 자신의 것으로 만들 수 있습니다.

잠깐, 대화의 기술이 필요해

■ 첫 번째 이야기 ; 말은 인격을 들여다보는 돋보기입니다

 어떤 사람의 됨됨이를 알고 싶다면 대화를 나누어 보세요. 험한 말을 자주 하거나 말만 번지르르한 사람이라면 가까이하기 어렵 겠지요.

 말투도 중요합니다. 아무리 사실을 이야기한다고 해도 거들먹거 리는 말투라면 바람직하지 않지요. 자기 생각을 말하면서 우물거 린다면 듣는 사람에게 믿음을 주기 어렵습니다.

 말의 내용이나 말투는 그냥 표현되는 것이 아닙니다.

얼마나 많이 깨닫고, 뉘우치고, 공부하느냐에 따라 드러나는 품격이 달라집니다. 가족과 친구, 이웃을 진심으로 아끼고 사랑할 때 말이 아름답게 표현되는 법이지요. 그러므로 어떻게 말하고, 무엇을 말하는지 귀 기울여 들어보면 그 사람의 인격을 알게 됩니다. 착한 사람은 말도 예의바르게 하지요. 정직한 사람은 허튼 말을 하지 않고요.

돋보기로 들여다보면 깨알만한 글씨도 크게 보이지 않나요? 말은 바로 사람의 마음속에 숨겨져 있는 것들을 확대해서 들여다볼 수 있는 돋보기와 같습니다.

출처 - 『초등 대화 기술』
(하늘땅사람 지음, 도서출판 책에반하다)

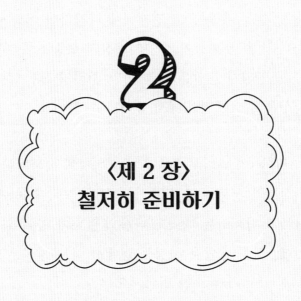

〈제 2 장〉
철저히 준비하기

〈첫 번째 이야기〉 준비가 얼마나 중요한지 알아둬

군인이 총알 없는 총을 들고 전쟁터에 나간다면 어떻게 될까요? 말하나 마나 적을 무찌르기는커녕 자신의 목숨조차 지켜내기 어렵겠지요. 군인에게 총알은 다름 아닌 준비입니다. 준비를 잘한 군인이 자신을 지키며 전쟁에서 승리할 수 있지요.

연설도 마찬가지입니다. 어떤 주제로 어떻게 이야기할지 철저히 준비한 연설자가 청중의 공감을 이끌어내며 박수를 받게 됩니다. 몇몇 사람들과 함께하는 대화도 나름의 준비가 있어야 관심을 끌게 마련인데, 하물며 많은 사람들 앞에서 하는 연설은 그보다 훨씬 더 꼼꼼한 준비가 필요한 법이지요.

그동안 나는 강연이라는 이름으로 일일이 셀 수 없을 만큼 자주 연설을 했습니다. 또 그만큼 다른 사람들이 하는 연설을 유심히 지켜보기도 했지요. 그런 과정을 통해 나는 깨달은 바가 있습니다. 무엇보다, 연설을 잘하려면 청중에게 강한 인상을 심어줄 분명한 메시지가 필요하다는 것이지요.

청중과 진심으로 교감하고 싶어 하는 연설을 들으면 나도 모르게 연설자의 이야기에 빨려 들어가는 듯한 경험을 했으니까요. 그러려면 연설자는 반드시 철저한 사전 준비를 해야 합니다.

잘 준비한 연설은 이미 10분의 9의 성공을 보장합니다. 반대로 제대로 준비하지 못한 연설은 실패가 불 보듯 뻔하지요. 연설 준비를 철저히 해놓으면 자연스럽게 연설자가 자신감을 갖게 됩니다. 자신감은 성공하는 연설을 위해 없어서는 안 될 조건이지요.

미국의 정치인 다니엘 웹스터는 "연설 준비가 덜 된 채 청중 앞에 서는 것은 마치 옷을 안 입고 사람들 앞에 서는 것과 같다."라고 말했습니다. 완벽한 준비만이 연설자의 두려움을 없애고 자신감을 북돋워 청중의 호응을 불러일으키는 지름길입니다.

〈두 번째 이야기〉 연설을 준비하는 방법

그럼 어떻게 연설을 준비할까요?

책을 읽어야 할까요? 물론 독서가 연설을 준비하는 하나의 방법이지만 최고의 방법은 아닙니다. 독서가 도움이 되기는 하겠지만, 책에서 얻은 지식을 그대로 연설에 인용하면 어딘가 부족한 점이 나타나지요. 그것만으로는 청중의 깊은 공감을 이끌어내기 어렵습니다.

나는 뉴욕시에서 은행 간부로 일하는 사무엘 잭슨이라는 사람을 만난 적이 있습니다. 그는 종종 젊은 은행원들 앞에서 연설할 기회가 있었는데, 청중이 아무런 흥미를 느끼지 못하는 것 같다며 고민을 털어놓았지요.

그가 먼저 자신의 연설 준비 과정에 대해 말했습니다.
"며칠 전에도 저는 연설을 해야 했습니다. 오후 4시 30분에 사무실에서 나와 강연장으로 가는 지하철을 탔지요. 저는 자리에 앉아 미국에서 꽤 유명한 잡지인 『포브스』지를 꺼내 들었습니다.

그날 마땅히 연설 내용을 준비하지 못해 잡지에서 이야깃거리를 찾을 생각이었지요. 마침 『포브스』지에서 '10년밖에 남지 않은 성공의 기회'라는 기사가 눈에 띄었습니다. 솔직히 저는 그 기사가 그저 그랬지만, 젊은 은행원들에게 들려줄 만한 내용이라고 판단했지요. 연설이라는 게 뭐든 근사해 보이는 이야기를 해야 하니까요."

그리고 잭슨은 그날의 연설 역시 성공하지 못했다고 털어놓았습니다. 자신의 기대와 달리 젊은 은행원들이 별다른 관심을 보이지 않았다고 말했지요.

나는 조용히 그의 이야기를 다 듣고 나서 다음과 같이 조언했습니다.

"잭슨 씨, 그날의 청중은 『포브스』지 기자가 쓴 기사를 당신의 입을 통해 전해 들으려고 모여 있던 것이 아닙니다. 그들이 기대한 것은 은행원 선배로서 당신이 해줄 실감나는 이야기였지요. 당신의 개인적인 경험과 의견을 듣고 싶었던 것입니다. 다른 사람의 이야기를 그대로 옮기는 것은 바람직한 연설이 아니지요. 만약 당신이 그날 『포브스』지의 기사에 공감했다면, 자신의 경험담을 입혀 이야기를 전개했어야 합니다.

그리고 만약 그 기사에 동의하지 않았다면, 그 이유에 대해 젊은 은행원들이 흥미로워할 만한 사례들을 들어 이야기했어야 합니다. 그날 잭슨 씨가 읽은 『포브스』 지의 기사는 연설의 여러 재료들 중 하나로만 쓰였어야 하지요. 그 자체로 연설을 전부 이끌어 갈 수 있다고 생각한 것은 큰 잘못입니다."

나의 분석에 사무엘 잭슨은 진심으로 고개를 끄덕였습니다. 그제야 그는 비로소 자신의 문제점을 깨달았지요.

그 후 사무엘 잭슨은 지하철 같은 데 앉아 얼렁뚱땅 연설 준비를 하지 않았습니다. 미리미리 연설 내용을 정리해 기승전결에 따라 메모했지요. 그리고 책이나 잡지에서 읽은 내용을 별다른 고민 없이 연설에 인용하지도 않았습니다. 그는 책이나 잡지에서 어떤 글을 읽으면 꼭 자신의 생각을 덧붙이는 습관을 길렀지요. 그 내용을 연설에 인용할 때는 자신의 경험담을 녹아들게 해 이야기의 재미를 높였습니다. 그러자 점점 그의 연설에 흥미를 느끼는 청중이 늘어갔습니다.

〈세 번째 이야기〉 무엇이 진정한 준비인가?

앞서 나는 연설을 준비하는 방법에 대해 설명했습니다. 그렇다면 어떤 준비 방식이 바람직한가에 대해 좀 더 이야기해보도록 하지요.

연설을 준비하는 자세가 좋은 문장을 써놓고 달달 외우기만 하면 되는 것은 아닙니다. 연설자 자신의 마음에도 와 닿지 않는 내용을 줄줄이 나열하는 것은 더 더욱 아니지요. 진정한 연설 준비는 틈틈이 자신의 생각을 모으고 정리한 다음, 그것을 뚜렷한 방향성 있게 끌고 가는 것입니다.

연설은 패스트푸드처럼 뚝딱 만들어지는 것이 아닙니다. 미리 주제를 정하고, 언제 어디서나 계속 그 주제에 대해 생각해봐야합니다. 가능하다면, 주변 사람들과 그 주제에 대해 토론하면서 청중이 궁금해할 만한 모든 질문을 던져볼 필요도 있습니다.

사람들은 일상생활을 하며 누구나 매일 생각을 합니다. 여러분의 지성은 그와 같은 생각에 더해 다양한 감정과 경험으로 완성되지요. 만약 여러분이 연설을 하게 된다면, 그렇게 준비한 지성을 끄집어내 청중에게 전달하면 됩니다. 그것은 짐작만큼 어려운 작업이 아닙니다. 평소 이런저런 경험을 하며 집중해서 생각하고, 그 내용을 잘 정리해 여러 시각에서 살펴볼 줄 아는 습관을 들이는 것이 중요합니다. 그것이 바로 연설에 대비하는 진정한 준비 자세입니다.

나는 연설을 준비하는 방법에 대해 드와이트 무디 목사와 대화를 나눈 적이 있습니다. 그때 그가 들려준 이야기가 아직도 귓가에 생생합니다.

"나는 다양한 설교 주제로 구별해놓은 수십 개의 커다란 봉투를 갖고 있습니다. 하루 일과를 보내다가 문득문득 좋은 생각이 떠오르면 곧바로 메모해 주제에 따라 서로 다른 봉투에 넣어두지요. 책을 읽다가도 그 주제에 어울리는 내용이 있으면 종이에 옮겨 적어 각각의 봉투에 집어넣습니다. 그리고 매주 설교 주제를 정하고 나면 거기에 해당하는 봉투를 꺼내 차곡차곡 모아둔 자료들을 살펴보지요. 그런 방식은 설교를 앞두고 즉석에서 자료를 찾거나 생각을 정리하는 것에 비해 훨씬 효율적입니다."

나는 무디 목사의 이야기를 듣고 마음속으로 박수를 쳤습니다. 그야말로 그것은 진정한 연설 준비 방법이라고 할 수 있으니까요.

실제로 여러 목사들이 평소 설교 준비에 많은 시간을 할애합니다. 설교도 넓은 의미의 연설이므로 우리가 충분히 참고할 만하지요. 그중 예일대학교 신학대 학장을 지낸 찰스 브라운은 진정한 연설 준비 방법에 대해 다음과 같이 이야기했습니다.

"연설을 준비할 때는 우선 주제에 걸맞게 여러모로 생각을 발전시켜야 합니다. 설령 사소한 것이라도 골똘히 생각하다 보면 뜻밖의 결실로 이어질 수 있지요. 우리는 길을 걷거나 식사를 하면서도 생각을 발전시킬 수 있습니다. 만약 잠자리에 들었다가도 문득 어떤 생각이 난다면 바로 일어나 메모를 해놓아야 합니다. 꼭 문장이 아니라 몇 개의 단어만 적어두어도 연설에 큰 도움이 될 수 있지요. 단지 몇 개의 단어만으로도 상상력이 드넓게 퍼져 나가고는 하니까요. 그와 같은 생각은 루비나 다이아몬드 같은 보석보다 더 찬란하고 소중합니다."

어린이 여러분, 드와이트 무디와 찰스 브라운의 연설 준비 방법
이 참 멋지지 않나요? 그리고 진정한 연설 준비 방법을 설명할
때 빼놓을 수 없는 또 다른 인물이 에이브러햄 링컨입니다. 그는
어떻게 연설을 준비했을까요?

링컨의 연설 준비 방법은 한마디로 생각을 멈추지 않는 것입니
다. 찰스 브라운의 방법과 닮았지요. 그는 일을 하거나, 식사를
하거나, 길을 걷거나, 심지어 끊임없이 재잘대는 아들과 놀아주
면서도 연설에 관한 생각을 멈추지 않았습니다. 그리고 그 내용
을 꼼꼼히 메모해두었다가 틈나는 대로 고치고 정리했지요. 그
렇게 탄생한 명연설 중 하나가 다름 아닌 '게티즈버그 연설'입니
다.

 1863년 11월 19일, 링컨은 펜실베이니아 주 게티즈버그에서
진행된 남북 전쟁 전사자들을 위한 추도식에 참석했습니다. 그는
그 자리에서 2분 남짓 짧은 연설을 했는데, 지금까지도 많은 사
람들의 입에 일부 내용이 오르내리고 있지요. 특히 "우리는 국민
의 정부이자, 국민에 의한 정부이며, 국민을 위한 정부로서 결코
지구상에서 사라지지 않을 것입니다."라는 구절이 큰 감동을 전
했기 때문입니다.

어린이 여러분은 그날 링컨이 2분 남짓한 연설을 하기 위해 얼마나 긴 시간 동안 생각에 생각을 거듭했을 것 같나요? 링컨의 평소 모습을 떠올린다면, 아마도 그는 몇 날 며칠 게티즈버그 연설을 준비했을 것이 틀림없습니다. 그것이 바로 성공하는 연설을 위한 진정한 준비 방법입니다.

〈네 번째 이야기〉 연설을 앞두고 반드시 생각할 것

 연설에 앞서 가장 먼저 고려할 사항은 어떤 주제로 이야기할 것인가 하는 문제입니다. 연설을 주최하는 기관에서 특별히 주제를 정해놓지 않았다면, 여러분이 잘 아는 분야로 결정하는 것이 좋지요. 만약 내가 태권도에 남다른 소질이 있다면 그 내용을 주제로 삼는 것이 좋은 선택이라는 말입니다.

 그런데 여기서 명심해야 할 점이 있습니다. 한정된 연설 시간에 너무 많은 이야깃거리를 늘어놓지 말아야 하지요. 주제에 어울리지도 않는 소재를 이것저것 들먹이다 보면 정작 연설자가 무엇을 말하려는지 헷갈리니까요. 자칫하면 연설자가 자신의 잡다한 지식이나 자랑한다는 오해를 살 수도 있습니다.

아울러 연설의 주제를 정했으면, 적어도 일주일 정도는 그 내용을 반복해서 되새겨야 합니다. 그러니 연설을 코앞에 두고 허둥지둥 주제를 선택해서는 안 되지요. 일주일 정도는 일상생활 틈틈이 자기가 정한 주제를 곱씹어봐야 연설의 품질이 좋아집니다. 그에 덧붙여 청중의 질문을 하나씩 가정해보면서 어떻게 답변할지 고민할 필요도 있지요. 그렇게 철저히 준비해 연설을 시작하고 나서 2~3분을 잘 풀어 나간다면 첫 고비는 넘기는 셈입니다.

연설을 앞두고 주제를 결정했다면, 그 다음에는 청중을 연구하는 시간을 가져야 합니다. 청중의 성별과 나이, 직업, 학력 등을 두루 살펴봐야 하지요. 그래야만 똑같은 주제로 연설하더라도 이야기를 전개하는 방식을 달리 할 수 있습니다. 청중의 수준과 분위기를 무시한 채 내가 하고 싶은 이야기만 일방적으로 늘어놓는 연설은 결코 성공하지 못하지요.

예를 들어볼까요?

만약 여러분이 여름 방학 생활에 대해 연설한다면, 그 대상이 친구들인 경우와 가족인 경우가 달라야 합니다. 청중이 어떤 사람들인지 살피지 않고 똑같은 내용을 이야기하면 공감을 얻기 어렵지요. 그러므로 연설의 주제를 잘 정하는 것 못지않게 중요한 것이 청중에 대한 정확한 분석입니다.

그리고 마지막으로 고려할 사항은 자료 준비입니다. 내가 정한 연설 주제와 관련해 다양하고 구체적인 자료들을 최대한 많이 확보해야 하지요. 요즘은 인터넷이 발달해 자료 수집이 한결 수월해졌지만, 도서관에 가서 여러 책을 찾아보는 것도 효과적인 방법입니다.

연설을 위한 자료 준비의 중요성은 아무리 강조해도 지나치지 않습니다. 연설자가 이렇다 할 자료 없이 말발만 앞세워서는 청중의 호응을 얻기 힘들지요. 그러면 긴 시간을 보내고 나서도 연설자와 청중 모두 허탈한 감정에 빠져들기 십상입니다.

또한 자료 준비를 할 때는 실제로 사용하는 것보다 훨씬 더 많은 양을 수집하고 정리해야 합니다. 10가지 자료를 얻기 위해 90가지 자료를 버린다고 마음먹어야 하지요. 일찍이 미국의 원예학자 루터 버뱅크는 한두 개의 우수한 식물 표본을 얻기 위해 백만 개의 표본을 만들었다는 소문이 돌 정도였습니다. 그만큼 최고의 자료를 얻으려면 그보다 10배, 100배 더 많은 자료를 수집해야 한다는 의미지요. 그런 끈질긴 노력이 있어야 연설도 성공할 수 있는 것입니다.

지금까지 우리는 이번 장에서 연설을 준비하는 과정과 바람직한 태도에 대해 알아봤습니다. 무슨 일이든 철저한 준비가 성공을 불러오는 법이지요. 여러분에게 연설의 기회가 주어진다면 당장 주제를 정하고, 그 주제에 대해 몇 날 며칠 곰곰이 생각을 거듭해야 합니다. 그때 반드시 청중의 수준과 성향을 염두에 두면서, 정확하고 다채로운 자료들을 수집해 연설의 품질을 높여야 하지요. 그리고 나면, 이제 여러분이 연단으로 씩씩하게 올라갈 일만 남은 것입니다.

잠깐, 대화의 기술이 필요해

■ 두 번째 이야기 ; 말하는 것만 말이 아니에요

우리는 흔히 누구와 이야기할 때 말에만 신경을 씁니다.

하지만 상대방은 내가 하는 말만 듣는 것이 아닙니다. 물론 대화를 나눌 때 가장 중요한 것은 말이지만, 그에 못지않게 말을 하는 모양새도 큰 영향을 끼치지요.

만약 어른 앞에서 비스듬히 기대어 앉아 이야기를 한다면 어떨까요?
만약 선생님이 말씀하시는데 딴청을 피우면 어떨까요?
만약 친구들에게 짜증 섞인 목소리로 이야기를 한다면 어떨까요?

그렇다면 아무리 또박또박 앞뒤 맞게 말을 해도 좋은 반응을 기대하기 어려울 것입니다. 진심을 말한다고 해도 오해받기 십상이지요.

그러니 입으로 내뱉는 것만 말이 아니라는 점을 가슴 깊이 새겨두어야 합니다.

말하는 자세가 바르면 상대방에게 더 많은 이해를 구할 수 있습니다. 단정한 옷차림으로 반듯하게 행동하면 설령 말에 실수가 있더라도 용서받을 수 있지요. 상대방은 귀로 내 이야기를 들으면서, 눈으로는 내가 이야기하는 모양새를 살피는 법이니까요.

출처 –『초등 대화 기술』
(하늘땅사람 지음, 도서출판 책에반하다)

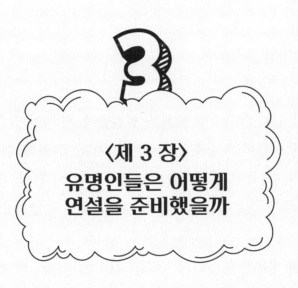

〈제 3 장〉
유명인들은 어떻게
연설을 준비했을까

〈첫 번째 이야기〉 좋은 구성의 필요성

나는 언젠가 정부 고위 관료의 연설을 들은 적이 있습니다. 워낙 유명한 인물이라 청중의 기대가 컸지요. 그런데 결과는 매우 실망스러웠습니다. 그는 분명 그날의 주제에 관한 전문가였지만, 자신의 지식을 훌륭한 연설로 소화해내지 못했지요.

그의 연설 내용은 한마디로 뒤죽박죽이었습니다. 하나씩 떼어놓고 보면 꽤 흥미로운 이야기인데, 그것을 질서 없이 나열하다 보니 무슨 말인지 이해하기 어려웠습니다. 실컷 어떤 소재를 들먹이다, 뜬금없이 다른 소재를 끌어들이기 일쑤였지요. 나중에는 연설자 본인도 자기가 무슨 말을 하는지 헷갈리는 눈치였습니다. 그냥 연설 시간이 빨리 끝나기만 바라는지 자꾸 시계만 흘끔거렸지요.

그러다가 그가 갑자기 양복 안주머니에서 종이 한 장을 주섬주섬 꺼냈습니다. 나는 그가 왜 그때까지 애써 준비한 자료를 주머니 속에 처박아두었는지 궁금했지요. 그는 아마도 그 자료가 썩 마음에 들지 않아 즉석 연설을 할 작정이었던 듯했습니다. 알고 보니, 그 자료는 자기가 직접 준비한 것이 아니라 비서가 급히 대신 써준 것이었지요. 그러니 자료가 마음에 들지 않는 것이 당연했습니다.

그럼에도 그는 비서가 써준 자료를 읽어 내려갈 수밖에 없었습니다. 이미 연설 내용이 꼬여버린 탓에 다른 선택지가 남아 있지 않았기 때문입니다. 과연 비서가 준비해준 자료도 엉망진창이었습니다. 그는 연설이 점점 더 혼란에 빠져들자 식은땀을 흘렸지요. 그러다가 연설을 멈추고 청중을 향해 사과하기 시작했습니다.

"미안합니다, 여러분. 오늘 연설에 기대가 크셨을 텐데...... 제가 제대로 준비하지 못했습니다. 죄송합니다."

그는 솔직했지만, 그것이 그 자리에 모인 청중의 실망감을 씻어낼 수는 없었습니다. 그는 연단에 놓인 물을 벌컥벌컥 들이켜더니 서둘러 인사하고 연설을 마쳤지요. 그날 나는 일찍이 경험한 적 없던 최악의 연설을 지켜보았습니다.

"일목요연하게 정리하지 않으면, 오히려 생각이 많을수록 혼란스러워진다."

영국 출신 사회학자 허버트 스펜서가 한 말입니다. 그날 연단에 올라 허둥대기 바빴던 정부 고위 관료에게 딱 어울리는 말이지요. 한국 속담에도 '구슬이 서 말이라도 꿰어야 보배'라는 것이 있지 않습니까? 아무리 내용이 풍부해도 그것을 제대로 구성해 효과적으로 펼쳐내지 못하면 결코 성공적인 연설이 될 수 없는 법입니다.

연설은 목적이 있는 항해입니다. 그러므로 미리 정밀한 항해 지도를 그려놓아야 하지요.

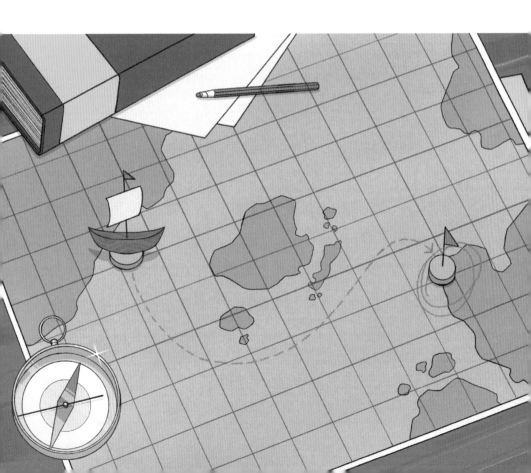

어딘지 모르는 곳에서, 어디로 가는지도 모르고 출발하는 사람은 자기가 목적했던 곳이 아니라 엉뚱한 곳에 다다르게 마련입니다. 이리저리 헤매다 결국 갈피를 못 잡고 주저앉게 될지도 모릅니다.

일찍이 나폴레옹 보나파르트는 "전쟁의 기술은 과학이다. 치밀하게 계산하고 끊임없이 생각하지 않으면 어떤 것도 성공하지 못한다."라고 말했습니다. 나는 그 이야기가 연설에도 적용된다고 믿습니다. 그럼에도 현실은 많은 사람들이 연설을 치밀하게 계산해 효율적으로 구성하는 데 소홀하지요.

그럼, 청중의 호응을 일으키는 연설의 구성에는 어떤 특징이 있을까요?

첫째, 성공적인 연설은 시작과 끝이 분명합니다.

이것은 서론, 본론, 결론이 명확하다는 뜻입니다. 연설이 이러한 구성을 갖는 것은 말처럼 쉽지 않지요. 서론, 본론, 결론만 잘 구별해놓아도 청중에게 연설의 내용을 전달하기 수월합니다. 설령 재미없는 연설일지언정 무슨 말을 하는지 하나도 모르겠다는 반응은 피할 수 있습니다.

시작과 끝이 분명한 연설은 최소한의 성공을 보장합니다. 서론이 소박하더라도 본론과 결론을 거치며 연설자가 전하려는 의미가 점점 날개를 펼치기 때문입니다. 그것을 바탕으로 또 다른 몇몇 기술들이 더해지면 더욱 성공적인 연설로 평가받을 수 있습니다.

둘째, 참신하고 독창적인 연설이 청중의 호응을 불러일으킵니다.

여느 일이나 그렇듯, 개성 있는 독창성은 나와 다른 사람을 구별하는 중요한 기준이 됩니다. 연설에서도 참신한 독창성이 있으면 청중에게 강렬한 인상을 남기게 마련이지요.

나는 지난달에 미국 필라델피아 출신 사업가의 연설을 들을 기회가 있었습니다. 그는 필라델피아의 넓은 면적을 설명하면서 앵무새처럼 수치를 나열하지 않았습니다. 사람의 두뇌는 숫자만으로 땅의 면적을 가늠하기 어렵지요. 그는 필라델피아가 보스턴과 파리, 베를린의 면적을 합친 것보다 넓다고 표현해 청중의 이해를 도왔습니다.

거기에 더해 사업가는 필라델피아의 산업에 대해서도 수치를 인용하는 대신 단 몇 마디의 실감나는 말로 표현했습니다. "요즘 필라델피아에서는 두 시간에 한 대꼴로 기관차를 만듭니다. 미국 국민 절반 이상이 필라델피아에서 만든 기관차를 타지요."라고 설명했거든요. 그 말만으로도 청중은 필라델피아의 산업이 얼마나 발달했는지 알 수 있었습니다.

나는 참신하고 독창적인 그 사업가의 연설 방식이 아주 마음에 들었습니다. 앞서 연설이 서론, 본론, 결론을 제대로 갖추기 쉽지 않다고 말했듯 단순한 통계 수치의 나열을 벗어나는 것 또한 많은 연설자들이 놓치는 문제입니다.

그날 연설자로 나선 사업가는 필라델피아뿐만 아니라 보스턴과 파리, 베를린의 면적을 각각 조사해 비교해 보았겠지요. 연설을 준비하면서 그만한 노력을 기울이는 것도 아무나 보이는 정성이 아닙니다.

셋째, 연설의 전체 내용이 질서정연해야 좋은 구성이라고 할 수 있습니다.

그와 달리 질서정연하게 구성된 연설은 이미 했던 이야기를 쓸데없이 반복하지 않습니다. 불필요하게 빙빙 돌려 이야기하지도 않지요. 괜히 앞으로 갔다 뒤로 갔다 헤매지 않고, 아무 계획 없이 오른쪽이나 왼쪽으로 이야기가 새 나가지도 않습니다.

그렇다고 내 말이 무조건 순서대로, 준비한 자료들을 지루하게 읽어 내려가라는 뜻은 절대 아닙니다. 무미건조하게 사실만 나열해서는 좋은 연설이 될 수 없지요. 그럼에도 질서정연한 구성을 강조하는 까닭은 그것이 청중과 소통하는 연설의 기본 조건이기 때문입니다. 큰 틀에서 질서를 갖추면서, 그때그때 상황에 맞는 변화를 줄 수 있어야 합니다. 아무리 구성이 질서정연해도 청중의 호기심과 감동을 불러일으키지 못하면 실패한 연설인 것입니다.

〈두 번째 이야기〉 유명인들의 연설 구성 방법

연설의 바람직한 구성에 대해 어느 한 가지 방법만 정답이라고 주장할 수는 없습니다. 시대에 따라, 청중에 따라, 또 연설자의 가치관에 따라 효과적인 구성 방법이 다르니까요. 그럼에도 우리가 알고 있는 유명인들의 연설 구성 방법을 살펴보는 것은 나름의 의미가 있습니다. 그들은 자신만의 규칙을 통해 여러 차례 성공적인 연설을 했기 때문입니다.

그럼 먼저 러셀 콘웰의 연설 구성 방법에 대해 알아보겠습니다.

그는 예일대학교를 졸업하고 변호사로 활동하다가 목사가 된 인물이지요. 콘웰은 미국 곳곳을 돌며 무려 5천 번 넘게 강연 활동을 펼친 연설 전문가였습니다. 그는 연설을 앞두고 늘 다음과 같은 순서로 연설을 구성했습니다.

① 사실을 제시하라.
② 사실로부터 나의 주장을 발전시켜라.
③ 청중의 변화와 행동을 북돋워라.

콘웰의 연설 구성을 이렇게 응용할 수도 있습니다.

① 문제점을 제시하라.
② 그 문제를 어떻게 바로잡을지 이야기하라.
③ 청중이 스스로 참여하도록 유도하라.

러셀 콘웰

어떤가요, 여러분? 러셀 콘웰의 성공적인 연설 구성이 예상보다 단순하지 않나요? 하지만 모든 성공은 이처럼 단순한 원칙을 지키는 데서 시작된다는 사실을 알아야 합니다.

미국 정치인 앨버트 베버리지의 연설 구성 방법은 좀 더 간단합니다. 그는 『대중 연설법』이라는 자신의 책을 통해 2단계 원칙을 강조했지요. 그 내용은 요약하면 이렇습니다.

'연단에 올라가는 사람은 연설 주제에 대해 전문가가 되어야 한다. 그러려면 먼저, 주제에 관련된 모든 사실을 수집하고 정리하고 공부해야 한다. 그 사실이 단지 일부 사람들의 주장이 아니라 객관적인 근거가 있는지 확인해야 한다. 그러고 나서 해법을 내놓고 결론을 제시해야 한다. 그때 연설자가 이야기하는 해법과 결론은 구체적이면서 실천 가능해야 한다.'

베버리지의 말은 이미 우리가 이 책을 통해 공부한 성공적인 연설의 기본 조건입니다. 연설을 잘한다고 평가받은 유명인들은 무엇보다 그와 같은 기본을 잘 지켰지요.

다음은 미국 제28대 대통령이었던 우드로 윌슨의 연설 구성 방법에 대해 살펴볼까요? 그는 어느 인터뷰에서 자신이 성공적인 연설을 할 수 있는 비결을 솔직히 이야기했습니다.

"나는 연설에서 말하고 싶은 소재들을 메모한 뒤, 우선 서로 연관성 있는 것끼리 배열합니다. 그것이 내가 하는 연설 구성의 1단계지요. 다음에는 그 소재들을 이용해 연설문 초고를 빨리 작성합니다. 그리고는 그것을 프린트해 몇 번씩 문장을 수정하며, 내용을 더하거나 빼지요."

미국 제32대 대통령을 역임했던 프랭클린 루스벨트도 윌슨 못지않게 연설문을 여러 차례 고치고 또 고쳤습니다. 그는 한 걸음 더 나아가, 여러 전문가들 앞에서 자기가 쓴 연설문을 큰 소리로 읽어주며 문제점을 지적받으려고 했지요. 그가 연단에서 해낸 많은 연설들이 그런 과정을 통해 청중의 공감과 감동을 불러일으켰습니다. 루스벨트는 평소 "미리 계획해서 꼼꼼하게 작업하지 않고 어떤 일에 성공한 적이 없다."라고 말하고는 했지요.

미국의 존경받는 정치인 벤저민 프랭클린의 연설 준비 방법도 우리에게 전하는 교훈이 적지 않습니다. 그는 훌륭한 연설문 작성을 위해 무엇보다 문장력을 발전시킬 필요가 있다고 주장했지요. 그가 자신의 자서전에서 설명한 문장력 훈련 방법은 매우 독특합니다.

'나는 훌륭한 글을 보면 모방하고 싶은 충동을 느낀다. 그래서 백지를 준비한 뒤 잘 쓰인 글의 핵심 단어들을 나열한다. 그 다음에는 책을 덮고, 그 단어들로 책 속의 문장을 연상해 그대로 적어 본다. 나만의 방식으로 훌륭한 글을 옮겨 써보는 셈이다. 물론 내가 단어들만으로 책에서 본 것과 똑같이 문장을 완성하기는 어렵다. 하지만 그 과정을 통해 책의 저자가 가진 장점을 배울 수 있다.'

여러분, 프랭클린의 문장 훈련 방법이 참 기발하지 않나요?

그는 단어들로 문장을 연상해 흉내 내 보고, 그것을 원래의 문장과 비교해가면서 장단점을 확인했습니다. 그와 같은 반복 훈련은 자신의 문장력을 발전시키는 더없이 효과적인 방법이었지요.

벤저민 프랭클린의 독특한 문장 훈련 방법은 또 있었습니다. 그는 이따금 동화 작품을 골라 시로 바꾸는 연습을 했지요. 반대로 시 작품을 산문으로 재탄생시켜보기도 했고요. 그뿐 아니라 자신이 평소 메모해둔 문장들을 뒤죽박죽 섞어놓은 다음 가장 어울리는 순서로 배열해보기도 했습니다. 그런 다양한 훈련 방법을 통해 프랭클린은 뛰어난 문장력을 갖게 됐고, 그것을 바탕으로 멋진 연설문을 작성했지요. 그 연설문은 곧 연설의 성공을 가져왔습니다.

〈덧붙이는 말〉 연설문을 준비하되 그대로 읽지는 마

지금까지 나는 연설을 준비할 때 필요한 좋은 구성과 몇몇 유명인들의 사례를 이야기했습니다. 여기에 나의 의견을 하나 더 더한다면, 연설문의 바람직한 활용 방법입니다. 아무리 연설문을 잘 써놓았더라도 제대로 활용하지 못하면 큰 의미가 없으니까요.

훌륭한 연설자들은 흔히 4가지 종류의 연설이 있다고 말합니다. 즉 자신이 준비한 연설, 실제로 연단에서 한 연설, 청중이 기억하는 연설, 그리고 집에 가는 길에 연설자의 머릿속에 아쉬움과 함께 떠오르는 좀 더 나은 연설이 그것이지요.

미리 준비한 연설문을 그대로 지켜나가면 자신이 준비한 연설과 실제로 연단에서 한 연설에 실패하지 않을 수 있습니다. 하지만 청중의 호응은 장담하기 힘들지요. 집으로 돌아가는 길에는 연설자의 머릿속이 후회로 가득할지도 모릅니다.

앞서 나는 연설문을 준비하기 위해 기울여야 할 끈질긴 노력을 여러 차례 강조했습니다. 수많은 자료를 찾고, 그 내용을 문장으로 완성하고, 고치고 또 고치라는 조언이었지요. 우선 좋은 연설문을 준비한 뒤, 연단에서 일어날 법한 일들에 대한 생각을 거듭해야 성공적인 연설을 할 수 있다고 말했습니다.

하지만 그렇다고 해서 연설문이 전부는 아닙니다. 연설문에 지나치게 의존하는 연설도 바람직하지 못한 면이 있지요. 에이브러햄 링컨은 "연설문만 읽어 내려가는 연설은 청중을 피곤하게 하며 집중력을 떨어뜨린다."라고 말했습니다. 물론 그도 대통령이 된 후 항상 완벽한 연설문을 준비하기 위해 노력했지만, 그것은 연설의 흥미보다 대통령으로서 지녀야 할 책임감을 중요하게 생각했기 때문입니다.

링컨의 말마따나, 연설문에만 의존하는 연설은 청중의 호응을 불러일으키기 어렵습니다. 단조로운 연설문이 연설자와 청중의 교감을 방해하기도 하지요. 어쩌면 청중은 연설문만 죽 읽어 내려가는 연설자를 바라보며 준비가 소홀하다고 판단할지도 모릅니다.

다시 한 번 말하지만, 연설을 앞두고는 좋은 연설문을 준비하는 데 최선을 다해야 합니다. 그래야만 청중 앞에서 마음 편히 자신감을 가질 수 있으니까요. 하지만 어디까지나 연설문은 보조 수단이어야 합니다. 연설의 주인공은 뭐니 뭐니 해도 연설자 자신이지요. 훌륭한 연설자는 연설의 내용을 미리 완벽히 파악해 청중과 눈을 맞추며 이야기할 줄 압니다. 이따금 연설의 내용을 확인하거나, 자연스러운 시선 처리 등을 위해 연설문을 활용할 따름이지요.

그러므로 나는 여러분이 연설문을 글자 그대로 읽거나 굳이 달달 외우려고 하지 않기 바랍니다. 그것은 시간 낭비라고 해도 지나친 말이 아니지요. 연단에 올라가 연설문만 달달 외우는 연설자는 청중에게 경직되고 차가운 인상을 주기 십상입니다.

잠깐, 대화의 기술이 필요해

■ 세 번째 이야기 ; 말은 마음속으로 들어가는 길입니다

내가 아닌 다른 사람의 마음을 알기란 참 어려운 일입니다. 이런가 하면 저렇고, 저런가 하면 이렇지요. 아무리 친한 친구 사이라도 가끔은 그 마음을 몰라 답답할 때가 있습니다. 상대방이 내 마음을 속속들이 알지 못하는 것처럼, 나 역시 그 사람의 마음을 분명하게 알 수는 없지요.

서로 마음을 헤아리지 못하면 더 이상 가까워지기 힘듭니다. 매일 얼굴을 마주한다고 해도 데면데면하게 마련이지요. 어쩌다 가끔씩 이야기를 나누어도 건성으로 그러는 탓에 서로 시큰둥할 뿐입니다.

그런 경우에 어떻게 해야 할까요?

가장 바람직한 방법은 진심 어린 대화를 하는 것입니다. 때때로 말은 상대방의 마음속으로 나를 데려다주고는 하지요. 먼저 말문을 트면 잇달아 마음의 문도 열리는 법입니다. 그러면 곧 말이 열어 놓은 길을 따라 사람의 마음과 마음이 만나게 되지요.

출처 -『초등 대화 기술』
(하늘땅사람 지음, 도서출판 책에반하다)

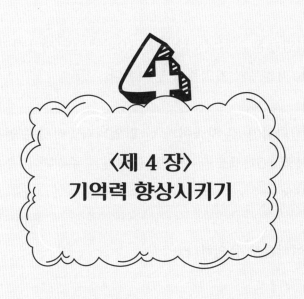

〈제 4 장〉
기억력 향상시키기

⟨첫 번째 이야기⟩ 집중력을 높여

"보통 사람들은 자신의 기억력을 10퍼센트도 사용하지 못한다. 그들은 90퍼센트의 기억력을 낭비한다."

미국의 심리학자 칼 시쇼어가 한 말입니다. 이것은 인간이 전체 두뇌 능력의 10퍼센트만 사용할 뿐이라는 주장과 비슷한 의미를 담고 있지요.

어린이 여러분도 동의하나요?

만약 시쇼어의 말이 사실이라면, 우리는 지금보다 훨씬 더 많은 지적 활동을 할 수 있습니다. 더 많은 공부를 하고, 더 많은 생각을 하며, 누구 못지않게 훌륭한 글을 쓰고 멋진 연설을 할 수도 있겠지요. 틀림없이 더 나아질 여지가 있으니까요.

그럼 기억력을 향상시키려면 어떻게 해야 할까요?

어떤 일이나 상황에 대해 기억력을 높이려면 무엇보다 집중력이 뛰어나야 합니다. 우리는 집중력 역시 인간이 발휘할 수 있는 능력의 겨우 10퍼센트만 활용하고 나머지 90퍼센트를 낭비하고 있는지 모릅니다.

　많은 사람들이 하루 중 대부분의 시간을 이렇다 할 집중력 없이 그냥 흘려보내는 것이 현실입니다. 멍한 정신으로 며칠을 보내는 것보다는 다만 5분이라도 집중하는 편이 어떤 성과를 거두는 데 더 효율적인데 말이지요. 성공한 사업가 유진 그레이스는 "내가 배운 가장 중요한 가르침은 지금 하는 일에 최대한 집중하라는 것이다. 나는 매일 어떤 상황에 놓여 있든지, 내가 하려는 일에 온 힘을 기울여 집중하려고 노력한다."라고 말했습니다.

발명왕 토머스 에디슨도 "보통 사람의 두뇌는 눈이 보는 것의 천분의 일도 알아차리지 못한다. 인간의 관찰력은 정말 형편없다."라고 주장했습니다. 그가 이야기한 관찰력은 집중력과 떼려야 뗄 수 없는 관계입니다. 집중력이 있어야 무엇을 제대로 관찰하게 되고, 그것이 기억력으로 이어져 어떤 일을 할 때 성공의 확률을 높이지요. 꼭 특별한 일이 아니더라도 집중력과 관찰력, 기억력은 우리의 일상생활에 여러모로 도움이 됩니다.

여러분 학급에 전학 온 낯선 친구가 자신을 소개하는 상황을 떠올려볼까요?

그 친구가 큰 소리로 자기 이름을 밝혀도 학급 구성원 모두가 그것을 기억하지는 못합니다. 몇몇 친구들은 "나는 기억력이 별로 좋지 못해서......."라고 핑계를 댈지 모르겠네요.

하지만 그런 상황은 기억력 이전에 집중력과 관찰력이 부족해 빚어지게 됩니다. 새로 전학 온 친구를 관심 있게 바라보고, 또 그 아이가 하는 말에 귀 기울여 집중하면 누구나 금세 이름을 기억할 수 있지요. 설령 단번에 이름을 기억하지는 못하더라도 곧 여느 친구들과 다름없이 좋은 관계를 맺게 됩니다.

 다시 한 번 말하지만, 집중력을 높이면 누구나 기억력을 향상시키는 것이 가능합니다. 우리는 대부분 인간이 기억할 수 있는 능력의 10퍼센트만 사용하고 있으니까요. 기억력이 좋아지면 우리의 삶도 긍정적으로 변화하게 됩니다.

〈두 번째 이야기〉 서로 다른 감각을 함께 사용해봐

에이브러햄 링컨에게는 어린 시절부터 이어져온 습관이 하나 있었습니다. 무엇을 기억하고 싶으면 큰 소리로 따라 읽고는 했지요. 이를테면 '능소화'라는 꽃 이름을 외울 때 "능소화! 능소화! 능소화!"하고 반복해서 크게 소리쳐보는 식이었습니다.

링컨은 성인이 되어 정치인의 길에 들어서고 나서도 그 습관을 버리지 않았습니다. 그는 사무실 의자에 기대어 신문을 읽으면서 특별히 기억하고 싶은 사람의 이름 등을 몇 번씩 소리 내어 읽고는 했지요.

어느 날, 참다못한 동료가 그에게 따지듯 물었습니다.

"이봐, 시끄럽게 자꾸 왜 그래? 꼭 선생님 앞에서 교과서 읽는 초등학생처럼 말이야."

그러자 링컨은 빙긋 미소 지으며 이유를 밝혔습니다.

"이보게, 나처럼 크게 소리 내어 읽으면 기억력이 훨씬 좋아진다네. 눈으로 보는 것과 함께 입으로 따라 읽으면 두 가지 감각이 동시에 작동하게 되지. 그 방법이 기억력을 높이는 데 최고라네."

실제로 에이브러햄 링컨의 기억력은 매우 뛰어났다고 합니다. 그는 대통령이 되고 나서 이런저런 회의를 할 때도 놀라운 기억력을 보여줘 주변 사람들을 종종 깜짝 놀라게 했지요.

사실 기억력을 향상시키는 링컨의 방법은 과학적으로도 근거가 있습니다. 우리가 풍경을 볼 때도 시각과 함께 후각이나 촉각을 동원하면 그 장면을 더 오랫동안 정확히 기억하게 되지요. 맛있는 음식의 인증 샷을 찍어놓고 나중에 보면 그 맛과 냄새, 분위기 등이 더 잘 기억나는 것도 그와 비슷한 원리입니다. 음식은 맛과 냄새로 기억되지만 사진이라는 시각적 요소가 기억을 더욱 또렷하게 살려내는 것이지요.

앞서 전학생을 예로 든 경우도 마찬가지입니다. 만약 그때 여러분이 새로운 친구의 이름을 종이에 몇 번 적어본다면, 그냥 귀로 듣고 말았을 때보다 쉽게 잊히지 않겠지요. 인간의 감각은 하나만 따로 작동할 때보다 2~3가지가 한꺼번에 동원되면 그 효과가 몇 배 더 크게 발휘되기 때문입니다.

그 밖에 기억력을 높이는 또 다른 사례를 이야기해볼까요?

비밀번호 '231'을 외워야 한다고 가정해보겠습니다. 그냥 눈으로 본 숫자를 무턱대고 외우는 것도 하나의 방법이겠지요. 하지만 나 같으면 그 숫자를 '동물원 나무 옆을 달려간다.'라는 문장으로 외우겠습니다. 무슨 말이냐고요?

영어로 '동물원(zoo)'은 숫자 '2(two)'와 발음이 비슷합니다. '나무(tree)'는 숫자 '3(three)'과 발음이 비슷하고요. 그리고 '달려간다(run)'는 숫자 '1(one)'과 연관 지을 수 있습니다. 그러므로 '동물원 나무 옆을 달려간다.'로 비밀번호 '231'을 떠올리는 것이 가능하지요. 이것은 또 다른 감각 활용 방법입니다. 같은 시각이지만, 숫자를 구체적인 형상이 있는 그림으로 바꿔 기억하는 것이지요.

물론 내 논리가 좀 억지스럽다고 느낄 수도 있습니다. 그러나 비밀번호를 잊지 않게 기억력을 높이기 위해서는 충분히 의미 있는 방법이라고 생각합니다.

〈세 번째 이야기〉 반복하고 연상해

인간의 기억력은 한계가 있습니다. 특히 어떤 것을 학습한 후 8시간 안에 아주 많은 내용을 잊어버리게 되지요. 한 연구 결과에 따르면, 학습 후 8시간 안에 기억에서 사라지는 양이 그 후 30일 동안 잊어버리는 양과 비슷하다고 합니다.

그럼 기억력을 향상시키기 위해 어떻게 해야 할까요?

가장 기본적인 방법은 반복입니다. 여러분이 학교에서 수업한 내용을 여러 차례 복습하면 좀처럼 잊어먹지 않는 것으로 그 효과를 알 수 있지요.

그리고 또 다른 방법은 연상력을 키우는 훈련을 하는 것입니다. 연상력이란, 어떤 사물이나 상황을 보거나 듣거나 생각할 때 그 것과 관련된 것을 머릿속에 떠올리는 능력이지요. 자신이 잊어버리고 싶지 않은 내용과 주변의 사소한 것들을 잘 연상해 떠올리면 기억력을 한층 발달시킬 수 있습니다.

이때 반복적인 암기와 연상력 훈련은 기억력 향상에 밀접한 관계가 있습니다. 무엇을 반복해서 머릿속에 입력하다 보면 무의식이 연상력을 높이지요. 우리의 두뇌가 자기도 의식하지 못하는 사이에 주변의 사물이나 상황과 기억할 내용을 서로 연결시키는 것입니다.

여기에 덧붙여 여러분이 꼭 알아야 할 점은 무엇을 암기할 때 적당한 간격을 둬야 효과가 좋아진다는 사실입니다. 이를테면 어떤 단어를 하루에 12번 외우는 것보다, 사흘에 걸쳐 하루에 4번씩 암기하는 편이 기억력을 높이는 데 효과적이라는 말이지요. 한꺼번에 실컷 외우고 복습하지 않는 것보다는 조금씩 여러 번에 걸쳐 반복하는 것이 낫다는 뜻입니다.

그렇다면 우리가 일상생활에서 맞닥뜨리는 2가지 사례를 통해 기억력 향상에 관해 좀 더 이야기해볼까요? 지금까지 내가 설명한 원칙을 바탕으로 아래의 방법을 실생활에 활용하면 기억력 향상에 큰 도움이 될 것입니다.

먼저 처음 만나는 사람의 이름을 기억하는 일입니다. 우리는 누군가로부터 이름을 전해 듣고도 좀처럼 기억하지 못할 때가 있지요. 그때 상대방의 이름을 외우는 가장 단순한 방법은 이미 이야기한 대로 반복입니다. 그 다음에는 상대방의 외모나 말투, 옷차림 등과 이름을 연상시키는 방법이 있지요. 만약 한국에서 상대방의 이름이 '강아름'일 경우 그가 강아지를 키운다든지, 그의 외모가 아름답다는 식으로 이름을 연상하는 것입니다.

그러므로 우리는 누군가를 처음 만날 때 그 사람에게 최대한 집중할 필요가 있습니다. 상대방의 생김새와 행동, 취미, 좋아하는 것 등에 대해 관심을 기울여야 하지요. 그러면 연상력이 발휘되어 이름쯤은 아주 쉽게 기억할 수 있습니다.

그와 반대로 자신의 이름을 소개할 때라면 상대방의 기억력을 높일 방법을 스스로 제시하는 것이 좋습니다. 나는 언젠가 '소터'라는 이름을 가진 중년 부인을 소개받은 적이 있습니다. 그때 그녀는 자신의 이름이 그리스어로 '구세주'라는 뜻을 담고 있다고 말했지요. 그 후 나는 그녀의 이름이 잘 생각나지 않을 때마다 구세주의 그리스어를 찾아보았습니다.

⇒ 강아름

두 번째 사례는 연도를 기억하는 일입니다. 흔히 학교에서 역사나 사회 공부를 하다 보면 어떤 사건이 일어난 연도를 외워야 할 때가 있습니다. 한국 학생들의 눈높이에 맞춰 이야기해보지요. 여러분은 일제강점기에 3·1운동이 일어난 해를 알고 있나요? 네, 정답은 1919년입니다. 이 경우 무턱대고 숫자를 외우기보다는 '아이구(19), 아이구(19)'라는 감탄사를 활용하는 편이 기억력을 높이는 데 효과가 있습니다.

하나 더 예를 들어보지요. 조선시대에 임진왜란은 언제 일어났을까요? 정답은 1592년입니다. 이때도 그냥 연도를 달달 외우기보다는 '전쟁이 일어났으니 일(1)오(5)구(9) 이(2)쓸 때가 아니다'라는 문장을 떠올리면 됩니다. 이것도 일종의 연상력을 통한 기억력 향상 방법입니다.

〈네 번째 이야기〉 갑자기 기억이 안 나면 어떡해

오랜 시간 충분한 준비하고 연단에 올랐는데도 연설할 내용이 도무지 떠오르지 않을 때가 있습니다. 정말 상상하기도 싫을 만큼 끔찍한 상황이지요. 그렇다고 그냥 연설을 얼버무리기에는 자존심이 허락하지 않습니다. 나 역시 두어 번 그런 경험이 있는데, 그때 다음과 같은 방법을 사용했습니다.

그것은 바로 앞에서 말했던 단어를 순발력 있게 새로운 문장의 출발점으로 삼는 기술입니다. 무슨 말이냐고요?

예를 들어 연설에서 "보통의 직원들이 성공하지 못하는 것은 자신의 일에 관심이 없고 주도적으로 나서지 않기 때문입니다."라는 문장을 이야기했다고 가정해보겠습니다. 그런데 다음 구절이 도통 머릿속에 떠오르지 않습니다.

그러면 나는 '주도적'이라는 단어를 새로운 문장의 시작점으로 삼아 연설을 계속 해 나가지요. "여기서 주도적인 행동이란, 능동적인 태도로 회사 생활을 하는 것입니다. 즉 상사가 지시할 때까지 마냥 기다리는 것이 아니라 스스로 할 일을 찾아서 하는 것이지요."라는 식으로 말입니다.

말하나 마나, 처음에 치밀하게 준비한 대로 연설을 끝까지 마치는 것이 가장 바람직합니다. 하지만 연설 내용이 잘 생각나지 않는 돌발 사태가 벌어졌다면, 몹시 당황하다가 중간에 얼렁뚱땅 마무리하는 것보다는 그렇게라도 이야기를 이어나가는 편이 낫지요. 그러다 보면 서서히 애초에 계획했던 연설의 주제를 되찾게 되니까요.

 물론 연설 중 기억력에 문제가 생겼을 때 했던 나의 방식이 유일한 해결책은 아닙니다. 여러분은 자기 자신에게 맞는 나름의 방식대로 위기를 벗어나면 되지요. 다만 중요한 점은 연설 내용이 기억나지 않는다고 해서 절대 우왕좌왕하지 말라는 것입니다. 그러기 위해서는 철저히 연설을 준비하는 만큼 연단에서 벌어질지 모를 다양한 문제에 미리 대비하는 자세가 필요합니다.

 인간의 기억력이란 때때로 믿을 수 없습니다. 그래서 많은 연설자들이 연설 내용을 줄줄 외울 만큼 충분히 연습한 뒤에도 굳이 원고가 쓰인 종이를 갖고 연단에 오르지요. 그들은 자신의 열정과 노력을 믿지만, 자신의 기억력을 완전히 신뢰하지는 않습니다. 그러므로 연설 내용이 기억나지 않을 때를 대비해 알아보기 쉽게 정리한 연설문을 미리 준비해두는 것이지요.

따라서 그들은 연설을 하다가 다음 내용이 선뜻 떠오르지 않더라도 허둥대지 않습니다. 아무 일 없다는 듯 여유 있는 시선으로 청중을 휘둘러보다가 자연스럽게 프린트해온 연설문을 찾아보면 그만입니다.

그와 같은 연설자의 행동은 결코 청중에게 흠이 되지 않습니다. 오히려 물 흐르듯 자연스럽게 연설문을 참고하는 모습이 경험 많은 노련한 연설자로 비치게 하지요. 당연한 말이지만, 연단이 암기력을 테스트하는 자리는 아닙니다. 원고 내용을 완전히 기억해 연설하면 여러 가지 장점이 있겠지만, 그렇다고 해서 연설의 성공이 기억력만으로 결정되는 것은 분명 아닙니다.

잠깐, 대화의 기술이 필요해

■ 네 번째 이야기 ; 말은 화살과 같아요

 한 번 쏜 화살은 되돌리지 못합니다. 시위를 떠난 화살은 방향 조차 바꿀 수 없지요.

 말도 그렇습니다. 일단 내뱉은 말은 다시 주워 담지 못합니다. 실수라며 주워 담는다고 해도 그 말을 들은 사람의 기억까지 지우기는 불가능하지요.

 심장에 화살을 맞은 짐승은 이내 숨이 끊어져버립니다. 물렁한 심장이 날카로운 화살촉을 당해 내지 못하니까요.

말도 그렇습니다. 일단 상대방 가슴에 아프게 꽂힌 말은 돌이킬 수 없지요. 아무리 사과를 하고 후회해도 흉터는 남게 마련입니다. 그 사람은 흉터를 바라볼 때마다 잊었던 상처를 새삼 떠올릴 것이 틀림없습니다.

오히려 말은 화살보다 더 조심스럽게 다루어야 합니다. 말은 화살보다 훨씬 빠른 속도로 상대방에게 날아가지요. 화살은 하나의 과녁에 꽂히지만, 때때로 말은 동시에 여러 사람에게 상처를 입힐 수 있습니다.

출처 -『초등 대화 기술』
(하늘땅사람 지음, 도서출판 책에반하다)

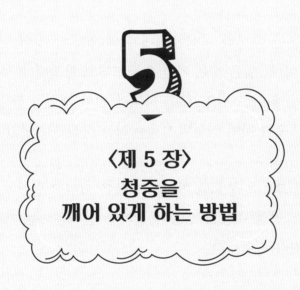

〈제 5 장〉
청중을
깨어 있게 하는 방법

〈첫 번째 이야기〉 자기 이야기를 진실하게 해

나는 한동안 유명한 연설가들에게 배워야 할 것이 기법이라고 생각했습니다. 말을 하는 기술이 세련되고 참신해야 성공적인 연설을 할 수 있다고 믿었지요. 하지만 연설 경험이 쌓일수록, 나는 진짜 중요한 것이 연설의 내용이라는 사실을 깨달았습니다.

그렇다면 그토록 중요한 연설의 내용은 어때야 할까요? 내가 생각하기에, 연설 내용의 성공과 실패를 판가름하는 가장 중요한 기준은 '진실성'입니다.

연설이 설득력을 가지려면 무엇보다 연설자 자신이 잘 알고 있는 이야기를 해야 합니다. 그래야만 진심을 담을 수 있기 때문입니다. 연설자가 아무리 똑똑해도 진심이 없으면 청중이 그 내용을 진실하게 받아들이지 않습니다. 연설자의 진실성이 전해지지 않는데 청중에게 감동이 있을 리 없지요. "다른 사람의 눈에 눈물이 흐르게 하려면 자신이 먼저 슬픔을 느껴야 한다."라고 했던 어느 시인의 말을 명심할 필요가 있습니다.

연설을 듣는 청중의 태도를 결정하는 것은 당연히 연설자의 몫입니다. 연설자가 열의가 있어야 청중도 그의 연설에 집중하지요. 연설자가 확신이 있어야 청중도 변화를 두려워하지 않습니다. 연설자의 확신 없는 연설은 총알이 들어 있지 않는 총을 들고 전쟁터에 나가는 것과 같지요. 그와 반대로 연설자의 확신 있는 연설은 결코 실패하는 법이 없습니다.

그럼 어떻게 해야 연설자가 확신을 가질 수 있을까요?

그 해답은 바로 진실성에 있습니다. 연설자가 진실하게 자신의 마음을 표현할 때, 청중이 연설자의 확신을 느끼게 되지요. 폴란드에서 태어난 미국 피아니스트 아르투르 루빈스타인은 이렇게 말한 적이 있습니다.

"수많은 연주를 하다 보면, 나도 조금씩 실수할 때가 있습니다. 하지만 내가 연주에 확신을 갖고 청중에게 진실을 전하려고 노력하면 아무런 문제가 되지 않지요. 오히려 그런 연주회에서는 많은 청중이 감격스러운 표정을 짓기까지 합니다. 그와 달리 내가 모든 음표를 정확히 연주한다고 해도 진실성이 부족하면 청중이 감동하지 않지요."

내가 이번 장에서 이야기하려는 연설의 진실성도 루빈스타인의 말과 다르지 않습니다. 좋은 연설의 핵심은 연설자가 진심으로 전하려고 하는 메시지라고 할 수 있지요. 그러므로 내용의 진실성 없이 기교만 뛰어난 연설보다는 조금 서툴더라도 연설자의 진심이 담긴 연설이 더 성공적이게 마련입니다.

내가 앞서 강조했듯, 바람직한 연설 준비는 단순히 연설문을 그대로 외우는 것이 아닙니다. 책이나 신문에서 다른 사람들의 생각을 퍼 나르는 것도 아니지요. 연설자의 바람직한 연설 준비는 자신의 마음 깊은 곳에 감춰져 있는 진실성을 끄집어내는 것입니다. 일체의 허세나 거짓 없이 자신의 마음속을 솔직히 들여다보는 것이지요. 그리고 그것을 겸손한 태도로 청중에게 전달하겠다고 마음먹는 것입니다.

앞으로 어린이 여러분에게 연설할 기회가 주어진다면, 반드시 청중에게 자신의 이야기를 들려주세요. 괜히 없는 이야기를 지어내거나 자신의 지식을 과시하려 들지 말고 진실성 있게 솔직히 이야기하세요. 그것이 여러분의 연설을 듣는 청중을 깨어 있게 하는, 나아가 청중에게 감동을 주는 첫걸음입니다.

〈두 번째 이야기〉 또렷하게 말하고 자신 있게 행동해

연설 내용의 진실성이 중요하다면, 그것을 담아내는 그릇도 연설의 성공에 큰 영향을 끼칩니다. 여기서 말하는 그릇이란 연설자의 말투와 행동을 일컫지요. 연설자가 연단에서 또렷하게 말하고 자신 있게 행동해야 청중의 몰입도가 높아집니다. 똑같은 내용이라 하더라도 말하는 사람의 태도에 따라 연설의 성패가 갈리게 되지요.

그렇다면 연설자는 어떻게 말하고 행동해야 할까요?

우선 연설자는 목소리가 크고 발음이 정확해야 합니다. 그 자리에 모인 모든 청중에게 연설자의 말이 들려야 하고, 또렷한 발음으로 분명한 의미를 전달해야 하지요.

나는 최근에 한 대학교에 방문해 총장의 연설을 들은 적이 있습니다. 그런데 내 자리가 강연장 중간쯤이었는데도 내용이 잘 들리지 않았지요. 마이크가 설치되어 있기는 했어도 총장의 목소리가 작은데다 발음까지 부정확했기 때문입니다. 그러니 연설 내용이 좋았는지 별로였는지는 판단할 수도 없었지요.

그 다음에 연설자가 신경 써야 할 것은 무대 위에서 보이는 행동입니다. 만약 연설자가 연단 위에 삐딱하게 서거나 탁자에 몸을 기대고 이야기하면 청중의 기분이 어떨까요? 아마도 그 연설자는 청중을 무시한다고 오해받을지 모릅니다. 긴장감이 지나쳐 다리를 떨거나, 연단 위를 이리저리 정신없이 오가는 모습을 보여도 좋은 인상을 주기 어렵겠지요.

연설자는 청중에게 일단 안정감을 줘야 합니다. 마치 출발선에 서 있는 육상 선수처럼 집중력 있는 태도를 보여야 청중도 딴청을 피우지 않지요. 연단에 오른 연설자는 자신감 넘치는 표정으로 눈빛을 반짝여야 합니다. 청중과 눈을 맞추며 여유를 잃지 않아야 하지요. 그래야만 청중이 연설자가 하는 말을 신뢰하게 되니까요.

그렇다고 연설자가 과장되게 행동하라는 것은 결코 아닙니다. 연설 내용이 진실성 없이 허풍으로 가득하면 청중에게 외면당하듯, 연단에서 하는 행동이 거드름이나 피우는 것처럼 보이면 청중의 마음을 사로잡을 수 없지요.

연설자의 행동은 군더더기 없이 단호해야 합니다. 연설자가 우물쭈물하면 청중의 믿음도 순식간에 연기처럼 사라지지요. 연설 내용이 초점 없이 오락가락해서도 안 됩니다. 연설자의 행동은 연설의 내용처럼 진실성이 있어야 합니다. 연설자의 바람직한 태도는 연설의 내용을 더욱 빛나게 하지요. 설령 연설문에 부족함이 조금 있더라도 연설자의 전달력이 좋으면 그 의미가 살아나게 됩니다.

〈세 번째 이야기〉 청중을 존중해

청중은 연설자의 말이 머리에서 나오는지 가슴에서 나오는지 단박에 알아차립니다. 단순한 말장난인지 진심어린 열정인지 쉽게 구별한다는 뜻이지요. 지금까지도 미국인이 가장 사랑하는 연설자로 손꼽히는 에이브러햄 링컨은 정직함과 선량함으로 청중을 사로잡았습니다.

링컨은 청중을 절대로 가볍게 여기지 않았습니다. 섣불리 청중을 가르치거나 선동하려고 들지 않았지요. 그는 연단에 올라 늘 청중에게 성실히 설명했으며, 청중을 이해시키고 설득하기 위해 최선을 다했습니다.

그와 같은 링컨의 태도는 세계적인 성악가 에르네슈티네 슈만하 잉크가 관객을 대하는 자세와 꼭 닮았습니다. 슈만하잉크는 자신 이 성공한 이유에 대해 이렇게 말했지요.

에이브러햄 링컨

"나는 공연하려고 무대에 오를 때마다 관객에게 헌신하겠다고 다짐합니다. 적지 않은 돈과 시간을 들여 직접 공연을 보러 온 관객을 나는 진심으로 사랑합니다. 그들은 내 인생의 동반자이며 친구입니다. 나는 그들 앞에 설 때마다 최고의 유대감을 느낍니다. 그러므로 나는 항상 관객을 존중할 수밖에 없습니다. 관객에 대한 존중에서 비롯된 진심어린 헌신이 나의 성공 비결입니다."

슈만하잉크의 고백에서 관객을 청중으로 바꾸면, 그것이 곧 링컨이 성공적인 연설을 할 수 있었던 이유입니다. 그러니까 링컨 역시 자신의 청중을 존중했고, 성심껏 헌신하는 태도로 연설에 임했던 것이지요.

나는 종종 강연장에 갔다가 청중을 우습게 여기는 연설자들을 목격하고는 합니다. 그들은 자신의 학력과 경력 따위를 뽐내며 청중을 마치 어린 학생들 대하듯 하지요. 자신감을 넘어 단정적인 말투로 청중을 가르치려 들며, 정확하지 않은 정보나 무책임한 비난을 함부로 쏟아내기 일쑤입니다. 그들에게는 청중에 대한 존중이 전혀 보이지 않지요.

하지만 청중은 똑똑합니다. 그처럼 무례한 연설자의 말에는 얼마 지나지 않아 누구도 귀 기울이지 않지요. 연설자가 어떤 말을 해도 반감만 쌓일 뿐입니다. 청중을 존중하지 않는 연설자는 결코 성공할 수 없습니다.

〈네 번째 이야기〉 청중이 졸면 어떻게 할까

나는 이따금 시골 교회 목사 헨리 비처를 만납니다. 하루는 내가 그에게 재미있는 질문을 던졌습니다.

"시골 사람들은 하루 종일 힘든 육체노동을 하지 않습니까? 그분들이 목사님 설교를 듣다가 꾸벅꾸벅 졸면 어떻게 하시나요?"
"허허, 제 설교가 재미없다는 소문을 들으셨군요?"

비처 목사는 나의 질문에 농담을 던지며 말을 이었습니다.

"저는 설교할 때 신도들이 졸면 그 책임이 목사에게 있다고 생각합니다. 그래서 우리 교회 신도들이 눈을 감고 자꾸 머리로 방아 찧는 모습을 보이면 뾰족한 막대기로 저의 팔뚝이나 허벅지를 찌르고는 하지요."

"신도들이 조는데 목사님의 잠을 깨운다고요?"
"네, 그렇습니다. 허허!"

나는 처음에 비처 목사의 말이 선뜻 이해되지 않았습니다. 하지만 곧 그의 말뜻을 알아채고는 큰 깨달음을 얻어 무릎을 쳤지요.

그렇습니다. 비처 목사의 말에 담긴 깊은 의미처럼 연설이 지루해 청중이 졸면 그 책임은 연설자에게 있는 것입니다. 연설자의 준비 부족이나, 연설자의 어설픈 연설 기술에서 문제점을 찾아야 하지 졸고 있는 청중에게 책임을 돌릴 수는 없습니다. 청중은 연설이 너무 따분해서 자기도 모르게 잠의 유혹에 빠져들었을 뿐이니까요.

내가 아는 연설자들 중에는 무대에 오르기 전 독특한 방식으로 긴장감을 푸는 사람들이 있습니다. 어떤 사람은 주먹으로 자기 가슴을 치고, 또 어떤 사람은 아무 의미 없이 목청껏 알파벳을 외치기도 하지요. 그들은 왜 그런 행동을 할까요?

그 이유는 당연히 자신만의 방법으로 긴장감을 풀기 위한 것입니다. 그럼 왜 긴장감을 풀려고 그처럼 우스꽝스런 행동까지 할까요? 그 이유는 긴장감을 풀고 연단에 올라야 연설을 더욱 자신감 있게, 좀 더 재미있게 진행할 수 있기 때문입니다. 연설이 내실 있고 흥미로워야 청중이 지루해하지 않고 끝까지 몰입하기 때문입니다.

어떤 연설이든 연설자의 에너지가 넘쳐야 청중이 깨어 있습니다. 연설자가 온 에너지를 연설에 쏟아 붓고 나면 청중은 오히려 활력을 얻지요. 훌륭한 연설자란 생명력을 북돋는 사람입니다. 그런 강연장에서는 연설이 따분해 졸음에 빠져드는 청중이 거의 없습니다.

이번 장을 마치며, 다시 한 번 비처 목사의 말을 떠올려볼까요? 설교 때 신도들이 졸면 그 책임은 오로지 목사에게 있습니다. 뾰족한 막대기로 잠을 깨워야 할 대상은 청중이 아니라 연단에서 전혀 활력을 불어넣지 못하고 있는 연설자입니다.

잠깐, 대화의 기술이 필요해

■ 다섯 번째 이야기 ; 대화의 기본은 진실한 마음입니다

　어떤 일을 하든 진실한 마음으로 최선을 다하면 반드시 이루어
진다는 말이 있습니다. 다른 사람과 대화를 나눌 때도 마찬가지
입니다. 자기의 뜻을 바르게 전하려면 우선 진실한 마음을 지녀
야 하지요.

　진실한 마음은 어려움 속에서도 서로 통하는 법입니다. 설령 말
솜씨가 좀 부족하더라도, 자기에게 잘못이 좀 있더라도 상대방에
게 좋은 인상을 심어줄 수 있지요. 진실한 마음이 깃들지 않고 겉
만 그럴듯해서는 오래도록 가까운 관계를 지켜 나가기 어렵습니
다.

나쁜 마음을 지니고 대화하는 사람은 어떻게든 표시가 나게 마련입니다. 표정에 드러나지 않는다고 해도 결국에는 그 마음 때문에 갈등이 생기게 마련이지요. 어찌어찌 아무런 문제가 생기지 않는다고 해도 그 사람과 진정한 친구가 될 수는 없습니다.

다른 사람과 대화하다 보면 어쩔 수 없이 다툼이 벌어지기도 합니다. 그럴 때도 진실한 마음이 있으면 머지않아 화해할 수 있지요. 그 일을 통해 오히려 서로에게 깊은 관심을 갖게 되기도 합니다.

출처 -『초등 대화 기술』
(하늘땅사람 지음, 도서출판 책에반하다)

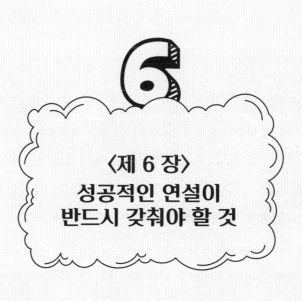

〈제 6 장〉
성공적인 연설이
반드시 갖춰야 할 것

⟨첫 번째 이야기⟩ 끊임없이 노력해야 해

많은 어린이들이 학업에 대한 스트레스를 갖고 있습니다. 우등생 친구처럼 공부를 잘하고 싶은데 뜻대로 되지 않지요. 매일 열심히 노력하는데 결과는 기대에 못 미치기 십상입니다. 어디 공부만 그런가요. 나는 어린 시절에 스케이트를 배웠는데 좀처럼 실력이 늘지 않아 고민에 빠졌던 적이 있습니다.

그런데 대부분의 사람들이 공부를 하거나 무엇을 배울 때 노력하는 것만큼 꼭 실력이 늘지는 않습니다. 어느 순간 좋아지는가 싶다가도 곧 정체기에 빠져들고는 하지요. 그것을 일컬어 심리학에서는 '학습 곡선의 고원'이라고 부릅니다. 꾸준히 상승하던 곡선이 어느 순간 드넓은 고원처럼 아무런 변화도 없는 밋밋한 모습을 보인다는 것이지요. 심지어 어느 경우에는 실력이 이전보다 뒷걸음질 치는 듯한 기분이 들기도 하고요.

연설도 마찬가지입니다. 장래에 훌륭한 연설자가 되겠다고 마음
먹고 열심히 노력해도, 어느 단계에 이르면 더 이상 실력이 늘지
않는 것 같은 경험을 합니다. 그러다 보면 자기가 연설에 영 소질
이 없다는 자괴감에 빠지기도 하지요. 만약 의지가 약한 사람이
라면 그대로 포기할 가능성이 아주 높습니다.

하지만 그 고비를 잘 넘겨 꿋꿋이 버텨내면 다시 놀라운 변화를 느끼게 됩니다. 비행기를 타고 학습 곡선의 고원 위를 쌩, 하고 날아가는 듯한 순간을 실감하게 되지요. 갑자기 이런저런 연설의 기술을 자기도 모르게 터득해 실력이 엄청나게 발전한 기분을 만끽하는 것입니다. 마치 하룻밤 새 일어난 것 같은 그와 같은 변화 덕분에 연설이 부쩍 자연스러워지고 자신감이 늘지요.

 그러므로 연설을 훈련하는 과정에서 반드시 명심해야 할 것은 끊임없이 노력하는 태도입니다. 발전 속도가 기대에 못 미치거나 한동안 정체기에 맞닥뜨렸다고 해서 절대 포기하지 말아야 하지요. 절망 가득한 그 시기를 묵묵히 이겨낸 사람만이 자기가 목표한 바를 마침내 이룰 수 있기 때문입니다. 그리고 연설자가 되어 제법 이름을 떨치게 되더라도 끊임없이 노력하는 태도에 변화가 생겨서는 안 됩니다. 자만하지 않는 꾸준한 노력만이 연설에 대한 두려움을 완전히 없애 연단에 올라가는 삶을 즐기게 하니까요.

 그렇다면 끊임없는 노력은 어떤 방식으로 이루어져야 할까요?

이 질문에 해답을 제시하는 인물은 미국 제16대 대통령 에이브러햄 링컨입니다. 그는 학교 교육을 거의 받지 못했지요. 하지만 자기 마을과 이웃 동네의 도서관에 있는 모든 책들을 읽었다고 할 만큼 굉장한 독서광이었습니다. 또한 어디에서 좋은 강연이 열린다는 소식을 들으면 어떻게든 찾아가 연설자의 말에 귀 기울였지요. 그와 더불어 자신이 직접 연단에 오르는 상상을 하며 훗날 세상을 변화시킬 꿈을 키웠습니다.

사실 링컨은 숫기가 영 없는 성격이었습니다. 어린 시절부터 열등감이 컸고 부끄러움이 많았지요. 그럼에도 그는 미래의 꿈을 이루기 위해 스스로 공부했고, 그 지식을 실천할 방법을 꾸준히 연구했습니다. 남들 앞에서 자신의 생각을 분명하게 밝히는 연설 훈련도 멈추지 않았지요. 바로 링컨이 실천한 것과 같은 끊임없는 노력이 어린이 여러분에게도 필요합니다. 그래야만 잠깐의 정체와 실패를 극복하고 학습 곡선의 고원을 훌쩍 뛰어넘어 자신이 바라는 꿈을 실현할 수 있습니다.

〈두 번째 이야기〉 자신을 믿어야 해

몇 해 전, 나는 친한 친구와 함께 알프스 산맥의 와일더카이저 봉우리 앞에 섰습니다. 오랜만에 등반에 나설 생각이었지요. 물론 친구와 나는 전문 산악인이 아니었습니다. 가끔 취미로 등산을 즐기는 수준이었지요.

갑자기 친구가 얕은 한숨을 내쉬며 내게 물었습니다.

"휴~ 오늘 우리가 무사히 저 봉우리까지 갔다 올 수 있을까?"
나는 괜히 엄살을 부리는 친구에게 자신감을 불어넣어주었지요.

"나는 무슨 일이든 실패할지 모른다고 걱정하며 시작하지 않아. 일단 가보는 거지, 뭐. 저 봉우리가 꽤 높기는 하지만 까짓것 한 번 해보자고!"
"하여튼 자네는 늘 자신감이 넘치는군."

그제야 친구는 짐짓 걱정스런 표정을 지우고 신발 끈을 다시 야무지게 묶었습니다. 그리고는 내 어깨를 두어 번 토닥이고 나서 자기가 먼저 앞장섰지요. 나 역시 기분 좋은 웃음을 터뜨리며 그의 뒤를 따랐습니다.

나는 그동안 제법 많은 사람들에게 연설 교육을 해왔습니다. 그런데 그들 중 적지 않은 사람들이 열심히 훈련에 참여하고도 자신의 연설 결과에 두려움을 버리지 못했지요. 그때마다 나는 이렇게 말했습니다.

"여러분이 매번 충실하게 노력했다면 결과에 대해 신경 쓰지 않아도 됩니다. 진심어린 노력은 결코 여러분을 배신하지 않을 테니까요. 결과에 대한 두려움을 버리고 자신을 믿으면 어느 날 눈에 띄게 발전한 연설 실력을 깨닫게 될 것입니다."

이것은 사실 미국 하버드대학교 교수이자 심리학자였던 윌리엄 제임스의 말을 응용한 것입니다. 나는 그의 이야기를 처음 들으며 크게 공감했지요. 나 역시 성공적인 연설자가 되는 중요한 조건 중 하나가 자기 자신을 믿는 것이라고 생각해왔으니까요.

그날 제임스는 다음과 같은 말도 덧붙였습니다.

"여러분이 자기 자신을 신뢰하면서 열정을 불태우면 진정으로 원하는 보상을 얻게 됩니다. 자연스럽게, 바라는 목표에 도달할 수 있지요. 여러분이 밤낮 없이 일하면 부자가 될 것이고, 똑똑한 사람이 되려고 하면 박사 학위도 너끈히 딸 수 있습니다. 또 착한 사람이 되고 싶다면 점점 더 착한 사람으로 변해가겠지요. 그와 같은 바람을 이루기 위해서는 가장 먼저 스스로 자신을 믿으며 최선을 다해 노력해야 합니다. 괜히 결과에 대해 걱정하면서 움츠러들 필요가 없습니다."

나는 윌리엄 제임스의 이 말에도 완전히 공감했습니다.

 그동안 내가 지켜봐 온 성공한 인물들 중에는 뛰어난 재능을 갖지 못한 사람도 적지 않았습니다. 어느 면에서 보면 탁월한 재능이 꼭 성공을 보장하는 것도 아니었지요. 대부분의 성공한 인물은 우리 주변의 평범한 사람들과 별로 다른 점이 없었습니다. 다만 그들은 자기 자신을 믿고 끊임없이 노력했다는 차이가 있을 뿐이었습니다.

 다시 한 번 강조하건대, 재능만으로 성공에 다다르기는 어렵습니다. 지나치게 결과에 신경 쓰거나, 자기가 한 노력에 대한 보상만 기대하는 사람은 자꾸 두려움에 빠져들고 헛된 욕심에 집착하게 됩니다. 그래서 오히려 재능 많은 사람이 쉽게 낙심하거나 오로지 돈벌이 따위에만 몰두하는 어리석은 모습을 보이고는 하지요. 자기 자신을 믿고 끈기 있게 노력하는 사람만이 결국 높은 산봉우리에 우뚝 서게 된다는 사실을 되새겨야 합니다.

〈세 번째 이야기〉 해내겠다는 의지를 가져야 해

나폴레옹 보나파르트, 아서 웰링턴, 율리시스 그랜트, 로버트 리, 페르디낭 포슈....... 모두 역사적으로 큰 공을 세운 장군들의 이름입니다. 그들은 뛰어난 전략과 용맹으로 부하들을 이끌어 승전을 거듭했지요.

"전투에서 승패를 가르는 첫 번째 요인은 병사들의 사기다. 어느 쪽의 사기가 높은지에 따라 한쪽은 승리의 나팔을 울리고, 다른 한쪽은 패배해 줄행랑을 친다."

이것은 페르디낭 포슈의 말입니다. 그는 프랑스 출신 장군으로, 제1차 세계 대전 때 연합군 대원수 자리에 올라 수많은 병사들을 지휘했지요. 그는 전투의 승패에 가장 큰 영향을 끼치는 것으로 병사들의 사기를 손꼽았습니다. 적과 용감히 맞붙어 싸우겠다는 사기가 높지 않으면 설령 좋은 무기를 갖고 있어도 전투에서 승리할 수 없다고 본 것입니다.

포슈가 강조한 병사들의 사기를 일상생활 속 용어로 설명한다면 '의지'라고 할 수 있습니다. 여러분도 알다시피, 의지는 어떤 일을 이루고자 하는 마음을 일컫지요. 어떤 목적을 실현하기 위해 자발적으로 행동하는 굳은 마음가짐을 가리킵니다.

병사들이 사기를 잃으면 전투에서 패배하듯, 우리가 의지를 갖지 못하면 인생에서 이룰 수 있는 것이 별로 없습니다. 그 사람이 연설자라면 청중 앞에서 성공적인 연설을 할 수 없지요. 연설을 잘하기 위한 필수 요소 중 하나도 다름 아닌 의지인 것입니다. 굳은 의지를 가진 사람은 뭔가를 꼭 해내고야 말겠다는 열정을 불태우게 마련이지요.

미국 작가 엘버트 허버드는 한 독서 토론회에서 독자들을 만나 의지의 중요성에 관해 연설한 적이 있습니다. 그때 그는 한 편의 시를 낭송하듯 다음과 같이 조언했지요.

"여러분, 집을 나설 때는 고개를 들고 깊이 숨을 들이마십시오. 따사로운 햇살을 즐기세요. 친구를 만나면 웃는 얼굴로 인사하고, 악수에 진심을 담으세요. 남들에게 오해받을까봐 괜히 두려워 말고, 다른 사람들을 비난하는 데 1분도 낭비하지 마세요. 자기가 하고 싶은 일을 정했다면, 망설이거나 두려워 말고 목표를 향해 꾸준히 나아가야 합니다. 자신의 앞날에 원대한 포부를 품어보세요. 그러면 시간이 흐를수록, 여러분이 꿈을 이룰 수 있는 모든 기회를 자연스럽게 깨닫게 될 것입니다. 마치 산호가 바닷물에서 자연스레 영양분을 흡수하듯 말이지요. 그리고 시간 날 때마다 여러분이 본받고 싶은 유능한 사람들의 이미지를 마음속에 그려보세요. 그런 생각의 반복이 여러분을 바로 그 사람처럼 변하게 만들 것입니다. 우리가 짐작하는 것보다 생각의 힘은 훨씬 더 대단하니까요. 여러분의 진정한 노력은 언젠가 보상을 받게 마련입니다. 인간은 자기가 마음먹은 대로 변하지요. 그러니 집을 나설 때는 고개를 들고 숨을 깊이 들이마셔 보세요. 따사로운 햇살을 맘껏 즐겨 보세요. 지금 우리의 모습은 주름투성이 작은 번데기일지 모릅니다.

하지만 그런 자세로 의지를 갖고 생활하다 보면, 언젠가 우리 모두 아름다운 나비가 될 수 있습니다."

어린이 여러분, 허버드가 작가답게 참 멋진 이야기를 하지 않았나요?

나는 여러분이 허버드의 말을 종종 큰 소리로 따라 읽어보면 좋겠습니다. 그러면 하루를 시작할 때, 또 인생의 목표를 정해 열심히 노력할 때 의지를 북돋울 수 있을 테니까요.

그럼 시인 로버트 서비스의 당부를 덧붙이며 이번 장을 마무리
하겠습니다.

"절대 움츠러들지 마십시오. 그만두는 것은 쉽습니다. 납작 엎
드리는 것은 쉽습니다. 죽는 것은 쉽습니다. 어렵지만, 용기를
내야 합니다. 당당히 맞서야 합니다. 앞이 막막하고 상처 입더라
도 묵묵히 나아가야 합니다. 어렵지만, 의지를 갖고 계속 살아가
야 합니다."

잠깐, 대화의 기술이 필요해

■ 여섯 번째 이야기 ; 상대방에게 더 많이 말할 기회를 줘요

대화는 누가 이기나 하는 게임이 아닙니다.

가끔 "나는 누구와 대화해도 지지 않을 자신 있어!"라고 이야기 하는 사람이 있습니다. 그런 사람은 대화의 의미를 잘 모르는 것 이지요.

대화란 내 생각을 전하고 상대방의 생각을 들어봐 최선의 결론 에 이르는 과정입니다. 친구들과 이야기를 나누면서 서로에 대한 이해의 폭을 넓히는 것도 대화가 주는 기쁨 가운데 하나지요. 부 모님께 마음 깊숙이 간직했던 고민을 털어놓으며 이야기하는 것 도 대화의 긍정적인 모습입니다.

그러므로 대화할 때 쉴 새 없이 말을 해서 내 주장만 밀어붙이겠
다는 것은 어리석은 자세입니다. 상대방이 하는 말을 더 많이 들
으려고 노력해야 하지요. 상대방이 하는 말을 듣는 가운데 내가
미처 예상하지 못한 훌륭한 결론을 이끌어 낼 수도 있으니까요.

입은 작게 열고, 귀는 크게 열 줄 알아야 현명한 사람입니다.

출처 –『초등 대화 기술』
(하늘땅사람 지음, 도서출판 책에반하다)

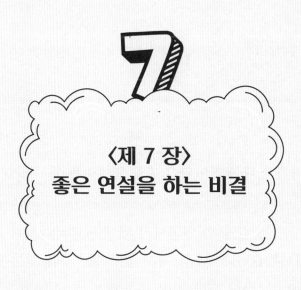

〈제 7 장〉
좋은 연설을 하는 비결

〈첫 번째 이야기〉 무엇을'만큼 중요한 '어떻게'

젊은 음악가가 나를 찾아와 고민을 털어놓은 적이 있습니다.

"선생님, 저는 얼마 전 이그나치 얀 파데레프스키의 피아노 연주회에 다녀왔습니다. 마침 제가 좋아하는 곡을 연주해 무척 흥미로웠지요. 그런데 그날 집에 돌아온 저는 큰 절망감에 빠져들었습니다. 저도 똑같은 악보로 연주하는데, 왜 파데레프스키만큼 감동을 주지 못할까요? 제게 어떤 문제가 있는 걸까요?"

나는 젊은 음악가의 고민을 충분히 이해했습니다. 그리고 그 이유도 잘 알고 있었지요.

"자네는 좋은 연주가 뭐라고 생각하나? 내 생각에, 그것은 음악에 대한 연주자의 감정과 이해를 관객에게 정확히 전달하는 것이네. 그러려면 연주하는 기술뿐만 아니라 연주자의 영혼이 그 안에 담겨야 하지. 오랜 시간 연습하고 또 연습해 단지 악보를 연주하는 것이 아니라 관객에게 어떻게 감동을 전할지 스스로 깨달아야 하네. 그것이 자네와 파데레프스키의 차이점일세."

다행히 젊은 음악가는 나의 말뜻을 잘 받아들였습니다. 나는 그가 먼 훗날 파데레프스키 못지않은 훌륭한 연주자가 될 것이라고 기대했습니다.

연설도 음악과 다르지 않습니다. 나는 2년 전에 어느 형제 탐험가의 강연을 들은 적이 있습니다. 형제는 오전과 오후로 나뉘어 호주의 오지를 함께 탐험한 경험담을 주제로 연설했지요. 그날 나는 오전과 오후 강연회에 모두 참석해 두 사람의 이야기를 들었습니다. 그런데 놀랍게도 강연장 분위기가 180도 달랐지요.

탐험가 형이 강연한 오전에는 청중의 반응이 시큰둥했습니다.

연설을 듣다 말고 졸거나 딴청을 피우는 관객이 적지 않았지요. 그런데 오후 강연의 분위기는 전혀 달랐습니다. 동생 역시 형과 똑같이 경험한 탐험 이야기를 하는데도 청중의 반응이 뜨거웠지요. 동생의 연설이 끝나는 순간까지 청중 중에 졸거나 딴청을 피우는 사람은 거의 보이지 않았습니다.

그처럼 탐험가 형제의 연설 분위기가 달랐던 이유가 무엇이었을까요?

그것은 동생이 '어떻게' 연설해야 하는지 잘 알고 있었기 때문입니다. 그에 비해 형은 오직 '무엇을' 이야기할지만 생각했지요. 연설은 아무리 내용이 흥미로워도 연설자가 효과적으로 전달하지 못하면 청중의 관심을 끌지 못합니다.

아무리 악보를 정확히 연주해도 관객에게 어떻게 감동을 전할지 깨닫지 못하면 그저 그런 연주자로 평가받는 것과 같은 이유지요.

"연단에 올라 무엇을 이야기하느냐가 아니라 어떻게 이야기하느냐에 더 신경을 쓰세요."

나는 중급 수준의 연설 수업 수강생들에게 이런 말을 자주 해왔습니다. 오랜 시간 교육받아 연설 수준이 어느 정도 올라간 사람들에게 내용 못지않게 중요한 연설의 기교에 대해 설명한 것이지요. 기교라고 해서 잔재주를 의미하는 것은 절대 아닙니다. 그보다는 연설자가 청중에게 감정을 전달하는 방식, 연설에 불어넣는 연설자의 진심어린 열정 등을 강조하는 것이지요. 내용을 넘어 그런 것까지 두루 갖춰야 청중이 좋은 연설이라고 평가하니까요.

영국 정치인들 사이에는 '연설의 성공은 내용이 아니라 형식에 달려 있다.'라는 격언이 자주 쓰인다고 합니다. 고대 로마의 교육자였던 퀸틸리아누스의 말이지요. 여러분은 그 격언을 '무엇을'과 함께 '어떻게'도 갖춰야 좋은 연설을 할 수 있다는 뜻으로 받아들이기 바랍니다.

〈두 번째 이야기〉 자연스럽게, 친밀하게

세계적인 호텔에서 유명 소설가를 초청해 강연회를 열었습니다. 그런데 소설가의 연설은 몹시 실망스러웠지요. 소설은 누구보다 잘 쓰는 작가였지만, 연설에는 영 소질이 없어 보였습니다. 뭐, 처음부터 강연회에 별 의욕이 없어 보이기도 했고요.

소설가의 연설 주제는 '소설의 미래'였습니다. 어떤가요, 어린이 여러분이 듣기에도 이렇다 할 흥미를 갖기 어려운 주제지요? 그런데 가장 큰 문제는 대중적이지 않은 주제 선정이 아니었습니다. 그는 연설 중에 그 주제를 자기가 결정한 것이 아니라고 고백했지요. 아마도 소설가를 초청한 호텔 홍보실 직원이 선정한 주제인 듯한데, 남이 결정한 주제에 대해 이야기하려면 연설자도 열정을 느끼기 어려운 것이 사실입니다. 게다가 연설 준비 과정도 철저하지 못해 청중의 호응을 이끌어내기 더 힘들었지요.

소설가는 연설하는 내내 급히 작성해온 메모지에 머리를 처박고 작은 목소리로 중얼거렸습니다. 좀처럼 청중과 눈길을 마주치려 하지 않았지요. 그의 시선은 연단 바닥이나 강연장 천장으로 향할 뿐이었습니다. 분명 소설가인데도 소설의 미래 같은 주제로는 할 말이 별로 없는 듯 보였지요.

그날 소설가가 청중 앞에서 한 이야기는 연설이라고 할 수 없었습니다. 그것은 그냥 혼잣말을 내뱉는 독백이었지요. 좋은 연설의 필수 조건이라고 할 청중과 함께하는 의사소통은 전혀 없었으니까요. 좋은 연설은 그 내용이 연설자의 마음에서 청중의 마음으로 자연스럽게 전해져야 하는데 그런 분위기를 전혀 느낄 수 없었습니다. 아무런 의욕도 없는 연설자가 허허벌판에 홀로 서서 중얼대는 것과 다를 바 없었지요.

곰곰이 따져보면, 대중적이지 않은 주제 선정은 별 문제가 아니었습니다. 얼마 후, 소설가가 섰던 그 강연장에서 영국 물리학자 올리버 로지의 연설이 있었지요. 그런데 그날의 분위기는 이전과 달리 무척 활기가 넘쳤습니다. 로지는 '소설의 미래' 못지않게 따분해 보이는 '원자와 세계'라는 주제로 한 시간 넘게 연설하면서도 내내 청중의 관심을 사로잡았지요. 그는 자기가 평생 연구해온 다양한 과학 지식들을 청중의 눈높이에 맞게 설명하면서 매력과 힘이 넘치는 훌륭한 연설을 해냈습니다.

그럼 며칠 간격을 두고 펼쳐졌던 소설가와 물리학자의 연설에는 어떤 차이가 있었을까요?

그것은 한마디로 '자연스러움'과 '친밀감'의 차이였습니다. 소설가는 자기가 선정한 주제가 아닌데다 준비도 충실하지 못해 연단에서 몹시 부자연스러운 모습을 보였지요. 그런 연설자에게 청중이 친밀감을 느끼는 것은 불가능했고요.

그와 달리 올리버 로지는 마치 가까운 사람들과 모여 이야기 나누듯 자연스럽고 친밀한 연설을 해나갔습니다. 다만 많은 사람들을 상대하다 보니 목소리 볼륨을 좀 더 높였을 뿐이지요. 그는 보통 사람들에게 친숙하지 않은 물리학 주제를 일상생활의 평범한 이야기처럼 설명하는 탁월한 재능을 선보였습니다. 그야말로 청중을 몰입시킨 훌륭한 연설이었지요.

그날 로지는 품질 좋은 유리창과 같은 연설자였습니다. 좋은 유리창은 그 자체로 눈에 띄지 않지요. 좋은 유리창은 있는지 없는지 모르게 빛을 받아들이고 밖을 내다보게 할 따름입니다. 좋은 연설자도 그렇습니다. 좋은 연설자는 많은 청중이 자기도 모르게 연설에만 빠져들게 하는 멋진 재능을 가졌습니다.

〈세 번째 이야기〉 개성이 필요해

사람은 모두 다릅니다. 세상에 똑같은 사람은 하나도 없습니다. 그러므로 우리는 다른 사람들과 차별되는 개성을 찾아 자신의 가치를 높이기 위해 노력해야 합니다. 어쩌면 사회와 학교가 여러분을 획일적인 인간으로 만들려고 할지 모릅니다. 하지만 우리는 자기만의 색깔을 잃지 말아야 하지요. 모든 사람들이 자신의 방식으로 세상에 존재해야 합니다.

우리가 연설자로서 가져야 할 마음가짐도 마찬가지입니다. 개성은 연설자가 꼭 가져야 소중한 재산이지요. 다른 연설자들과 똑같이 생각하고, 말하고, 몸짓하면 아무런 경쟁력도 갖지 못합니다. 훌륭한 연설자가 되려면 자기만의 방식을 발전시켜 나가야 합니다.

미국 역사상 손꼽히는 연설의 라이벌로 지금까지 언급되는 두 인물이 있습니다. 그들은 에이브러햄 링컨과 스티븐 더글러스입니다. 두 사람은 인기 있는 정치가로서 여러 차례 선의의 경쟁을 펼쳤지요. 그들은 외모와 성격, 연설 방식까지 다른 점이 매우 많았습니다.

우선 링컨은 키가 크고 몸가짐이 어딘지 촌스러웠습니다. 그에 비해 더글러스는 키가 작았고 몸가짐이 아주 세련됐지요. 링컨이 소탈한 성품에 대화 중 비유와 예시를 잘 활용하는 사람이었다면, 더글러스는 빈틈없어 보이는 정갈한 성격에 사람들과 나누는 대화에도 군더더기가 별로 없었습니다. 링컨이 겸손하고 너그러웠다면, 더글러스는 좀 권위적인 분위기를 풍겼지요.

두 사람은 대중 연설을 할 때도 서로 다른 모습을 보였습니다. 링컨에 비해 더글러스는 두뇌 회전이 빠르고 순발력이 뛰어났지요. 링컨의 연설이 청중에게 신중하고 조용히 다가가는 특징이 있다면, 더글러스의 연설은 좀 더 직접적이고 강하게 청중에게 접근했습니다.

그런데 두 사람에게는 공통점도 있었습니다. 둘 다 용기와 자제력을 갖춘 인물이었지요. 또한 사사로운 감정 없이 국가와 국민을 위해 일하겠다는 열정도 가졌습니다. 두 사람 중 누가 정치적 경쟁에서 승리하더라도 더 나은 미국의 앞날을 기대할 만했지요.

그러면서도 링컨과 더글러스는 결코 서로를 흉내 내지 않았습니다. 상대방의 장점을 잘 알면서도 두 사람 모두 자신의 개성을 한껏 발휘해 국민에게 설득력 있는 주장을 펼쳐나갔지요. 그랬기에 오늘날까지 많은 미국인들이 링컨과 더글러스를 훌륭한 연설자로 기억하는 것입니다.

⟨네 번째 이야기⟩ 좋은 연설에 필요한 기술

좋은 연설을 완성하려면 여러 가지 조건을 갖춰야 합니다. 연설자의 올바른 태도와 철저한 준비, 청중에게 어울리는 주제와 내용 등 중요한 것이 많지요. 여기에 덧붙여 연설의 기술도 빼놓을 수 없는 요소입니다. 훌륭한 연설자라면 단순한 잔재주가 아니라 연설을 더욱 돋보이게 하는 몇 가지 기술을 터득해야 하지요.

여러 연설의 기술 중 대표적인 것을 이야기하면 다음과 같습니다.

첫째, 연설 중 특별히 중요한 단어는 강하게 말하라.

글을 쓸 때는 필자가 강조하고 싶은 단어에 문장 부호를 붙여 독자의 시선을 끌 수 있습니다. 해당 단어의 활자를 굵게 표시하거나 글씨체를 달리해 도드라져 보이게 할 수도 있지요. 하지만 말로 하는 연설에서는 그런 방법을 적용하지 못하므로 특별히 강조하고 싶은 단어를 힘주어 이야기하는 방법을 사용합니다.

둘째, 문장의 높낮이에 변화를 주어라.

대부분의 연설은 꽤 긴 시간 동안 계속됩니다. 그런데 가끔 모든 문장을 일정한 높낮이로 이야기하는 연설자를 보게 되지요. 그런 연설자는 청중을 지루하게 만듭니다. 마치 단조롭기 짝이 없는 기계음을 듣는 것 같아 짜증이 나기도 하지요. 문장 역시 중요도에 따라 높낮이에 변화를 주면 청중의 집중력을 한층 높일 수 있습니다.

셋째, 말의 속도에 변화를 주어라.

문장의 높낮이에 변화를 줘야 하는 것과 비슷한 이유입니다. 에이브러햄 링컨은 연설에서 이렇다 할 특별한 점이 없는 부분을 빨리 말하고 중요한 부분은 천천히 말해 청중이 좀 더 주목해야 할 내용을 자연스럽게 느끼도록 했습니다.

넷째, 청중에게 강조하려는 문장의 앞뒤에서 잠시 멈추어라.

앞서 사례로 든 영국 물리학자 올리버 로지는 자기가 강조하고 싶은 문장 앞에서 잠시 숨을 골랐습니다. 중요한 부분을 이야기한 뒤에도 잠시 뜸을 들였지요. 대개 쉴 새 없이 말이 이어지는 연설에서 침묵의 순간을 가진 것입니다.

왜 그랬을까요? 그것은 청중의 몰입을 극대화하기 위한 방법이었습니다. 연설자가 쉼 없이 말하다가 잠시 침묵하면 청중의 관심이 일제히 쏠리게 마련이지요. 바로 그때 노련한 연설자는 자기가 강조하고 싶은 말로써 침묵을 깨뜨리는 것입니다. 그러면 연설의 몰입도가 훨씬 더 높아지지요.

앞으로 어린이 여러분에게 연설할 기회가 주어진다면 여기서 설명한 4가지 연설의 기술을 사용해보기 바랍니다. 물론 훌륭한 연설은 무엇보다 먼저 철저한 준비와 끊임없는 연습이 밑받침되어야 하지요. 그리고 나서 4가지 연설의 기술을 더하면 여러분이 좀 더 훌륭한 연설자로 돋보이게 될 것입니다.

잠깐, 대화의 기술이 필요해

■ 일곱 번째 이야기 ; 설레는 기분을 느껴요

 누군가와 대화를 나누는 것은 즐거운 일입니다. 내 마음을 전하고, 그 사람의 생각을 알게 되는 것은 신나는 일이지요.

 생각해보세요. 친구와 서로 응원하는 스포츠 팀에 관해 이야기를 나누면 재미있지 않나요? 친구와 만화 주인공에 관해 이야기하면 어느 새 기분이 좋아지지 않나요? 친구와 함께 공부하면서 모르는 내용에 관해 이야기하다보면 어느덧 자신감이 생기지 않나요?

 대화의 즐거움은 친구들끼리만 느낄 수 있는 것이 아닙니다.

선생님께서 부르시면 덜컥 겁부터 먹는 어린이가 있을 거예요. 아빠 엄마가 가족회의를 하자면 무조건 귀찮아하는 어린이도 있겠지요.

하지만 다시 한 번 생각해봐요. 부모님과 선생님은 우리를 무척 사랑하시잖아요. 그런 분들과 이야기를 나누는 일이 즐거운 것은 당연하지요. 가끔 잘못을 꾸짖기도 하시지만, 그분들만큼 우리를 최고로 여기며 대해주는 사람은 없습니다.

그러니 친구든 선생님이든 부모님이든, 누군가 말을 걸어오면 마음껏 설레어 봐요.

출처 - 『초등 대화 기술』
(하늘땅사람 지음, 도서출판 책에반하다)

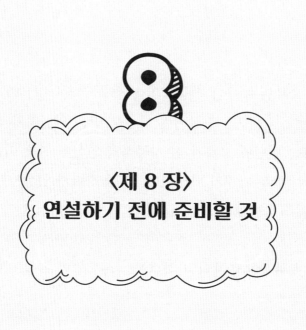

8

〈제 8 장〉
연설하기 전에 준비할 것

〈첫 번째 이야기〉 자신을 매력적으로 만들어

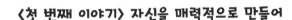

　연단에 오르는 누구나 성공적인 연설을 꿈꿉니다. 하지만 모든 일이 그렇듯, 청중의 진심어린 박수를 받는 연설자가 되기는 쉽지 않지요. 연단에 오르기 전 성공적인 연설을 위해 미리 준비해야 할 것이 한두 가지가 아닙니다. 그중 하나가 연설자 자신이 청중에게 매력적인 존재로 비치겠다는 마음가짐이지요.

　갑자기 매력적인 존재라고 하니까, 무슨 말인지 잘 이해되지 않나요?

　연설자가 청중에게 매력적인 존재로 비치기 위한 준비는 사실 어렵지 않습니다. 연단에 오르기 전에 몇 가지 규칙만 지키면 되니까요.

　첫 번째 규칙은 연설하기 전에 충분히 휴식을 취하라는 것입니다.

NO!

이를테면, 내일이 연설하는 날인데 전날 밤늦게까지 친구들과 놀면 안 됩니다. 그동안 나는 연설을 앞두고 멀리 여행을 가거나 다른 사람들과 어울려 잔뜩 술을 마시는 연설자들을 보았습니다. 그들은 하나같이 좋은 연설자로 평가받지 못했지요.

두 번째 규칙은 과식을 피하라는 것입니다.

식욕은 인간의 기본적인 욕구 중 하나입니다. 맛있는 음식을 눈앞에 두고 식욕을 억제하기는 쉽지 않지요. 그럼에도 연설을 앞둔 연설자에게 과식은 금물입니다. 지나치게 음식을 먹으면 두뇌 회전에 필요한 혈액이 위장 속 음식을 소화하는 데 이용되기 때문이지요. 그러면 기껏 준비한 연설 내용을 청중에게 효과적으로 전달하지 못하며, 심지어 연단에서 졸음이 밀려오기도 합니다. 그런 까닭에 일부 연설자들은 과식을 피하는 것을 넘어 연단에 오르기 전에는 한동안 아무 음식도 먹지 않지요.

마지막으로 세 번째는 옷차림에 신경 쓰라는 것입니다.

이 말은 단순히 멋을 부리라는 조언이 아닙니다. 값비싼 옷과 액세서리로 치장하라는 것이 아니라, 자신만의 매력을 내보이는 정갈한 옷차림을 하라는 뜻이지요. 그와 같은 준비는 연설자에게 자신감을 키워줘 성공적인 연설을 가능하게 합니다. 연설자 스스로 옷차림부터 청중에 대한 예의를 갖추는 것이므로, 청중도 연설자에게 더욱 집중하게 되지요.

연설을 앞두고 자신을 매력적인 존재로 만들기 위해 노력하는 것은 연설자의 의무이자 책임입니다. 아울러 그것은 연설자의 권리기도 하지요. 연단에서만큼은 그 누구도 아닌 연설자 자신이 주인공입니다. 언젠가 여러분에게 연설할 기회가 주어진다면, 반드시 그런 자부심을 가져야 합니다.

〈두 번째 이야기〉 웃는 얼굴과 밝은 마음으로

얼마 전 나는 뉴욕에서 크게 성공한 금융 전문가를 만나 인터뷰한 적이 있습니다. 나는 그에게 성공의 이유를 물었지요. 그는 거창한 말 대신 누구나 실천할 수 있는 뜻밖의 이유를 이야기했습니다.

"경쟁이 몹시 치열한 금융계에서 제가 성공할 수 있었던 가장 큰 이유는 환한 미소입니다."

"환한 미소라고요?"

"네, 저는 신입사원 때부터 모든 고객을 밝고 따뜻한 미소로 대했습니다. 제 주변에는 서비스 정신을 가져야 하는 은행원인데도 고객에게 퉁명스럽게 대하는 동료들이 적지 않았지요.

고객 입장에서 친절한 은행원과 무뚝뚝한 은행원 중 누구에게 자신의 재산에 관한 상담을 할까요? 두말 할 것 없이 친절한 은행원에게 호감과 믿음을 갖겠지요. 그러다 보니 저는 동료들보다 뛰어난 실적을 올려 빠르게 승진할 수 있었습니다."

나는 이제 뉴욕에서도 손꼽히는 금융 전문가로 인정받는 그의 성공 비결이 연설자가 꼭 갖춰야 할 태도라고 생각합니다. 웃는 얼굴과 밝은 마음으로 청중을 대하는 자세가 연설을 성공적으로 이끌기 때문입니다.

물론 사람에게는 저마다 다른 성격이 있습니다. 성장하면서 조금씩 변하기는 하지만, 세상에 태어날 때부터 갖는 천성이 있지요. 그래서 어떤 사람은 웃음이 많고 밝은 반면 어떤 사람은 자주 무표정하고 심각한 표정을 짓는 것입니다. 또 어떤 사람은 쾌활해 사교적이고 어떤 사람은 조용히 자신만의 세계에 갇혀 지내지요. 다양한 사람들이 어울려 살아가는 세상이므로 어느 쪽이 좋고, 어느 쪽이 나쁘다고 단정 지을 수는 없습니다.

다만 연설자의 성격으로는 아무래도 밝고 쾌활한 쪽에 장점이 많습니다. 우리는 타인의 환한 미소를 보며 경계를 풀고 친밀감을 느끼는 경우가 많으니까요. 앞서 이야기한 성공한 금융 전문가의 사례를 통해서도 그와 같은 사실을 잘 알 수 있습니다.

나는 연설자의 성공에 성격이 매우 중요한 요소라고 생각합니다. 말하나 마나 자신의 타고난 성격을 고치는 것은 간단한 문제가 아니지요. 그럼에도 연단에 오르는 모든 연설자는 청중에게 밝고 따뜻한 미소를 보이기 위해 노력해야 합니다. 어둡고 무표정한 얼굴로는 결코 청중을 설득할 수 없기 때문입니다.

〈세 번째 이야기〉 연설하는 환경에도 신경 써

연설자가 철저히 준비하고 올바른 마음가짐을 가지면 모든 준비가 끝난 걸까요?

아닙니다. 그러고 나서도 연설의 성공을 위해 꼭 살펴봐야 할 것이 있습니다. 그것은 다름 아닌, 순조롭게 연설을 진행할 환경이지요.

연단에 오르기 전 살펴봐야 할 연설 환경에는 우선 '시간'이 있습니다.

나는 지금까지 오전과 오후 또는 저녁 시간에 여러 차례 연설을 해보았습니다. 그런데 대체로 저녁 시간에 청중의 반응이 가장 뜨거웠지요. 오전이나 오후 같으면 가벼운 미소를 지었을 이야기에도 저녁 시간의 청중은 크게 박수치며 환호했습니다.

아마도 그 이유가 하루 일과를 무사히 마친 저녁 시간에 사람들의 마음이 좀 더 너그러워지기 때문인지 모르겠습니다. 아무튼 이제 나는 저녁 시간에 연설할 때 훨씬 더 즐거운 마음으로 연단에 오르지요. 곧 마주할 청중의 열렬한 반응을 상상하는 것만으로도 기분이 들뜨는 것입니다.

그 다음에 살펴봐야 할 연설 환경은 '장소'입니다.

무조건 넓고 화려한 강연장이 최고는 아닙니다. 연설에 참석하는 청중의 수와 나이, 성별 등을 고려한 강연장이 바람직하지요. 청중의 수에 비해 강연장이 너무 넓으면 연설자의 메시지가 잘 전달되지 않습니다. 또한 강연장 안 여기저기에 놓인 빈 의자만큼 연설자의 사기를 꺾는 것도 없지요. 어떤 연령대의 청중은 지나치게 화려한 시설에서 편안한 분위기를 느끼지 못하는 경우도 있습니다.

청중의 수가 많아야 성공적인 연설로 평가받는 것은 아닙니다.

청중의 규모에 어울리는 강연장에서 알찬 연설이 이루어져야 연설자의 집중력과 청중의 몰입도가 한층 높아지게 되지요. 그러므로 연설의 성격과 청중의 규모를 미리 잘 따져 강연장을 선정해야 합니다.

그 밖에 시간과 장소 못지않게 중요한 것이 강연장의 '공기'와 '조명'입니다.

특히 실내에서 이루어지는 연설은 강연장의 공기가 신선해야 청중의 졸음을 방지합니다. 아무리 연설이 흥미로워도 강연장의 공기가 탁하면 사람의 육체는 피로를 느끼게 마련이지요. 그리고 불쾌한 냄새가 청중의 기분을 상하게도 합니다.

조명의 중요성은 책상 위의 스탠드를 떠올려보면 실감할 수 있습니다. 여러분이 공부할 때 스탠드 불빛이 집중력을 높여주듯, 강연장의 조명은 연설자의 말과 몸짓에 청중이 더욱 몰입할 수 있도록 도와줍니다. 때로는 연설자에 대한 신비감까지 갖게 하지요.

여기에 덧붙여 나는 연단에 놓인 탁자에 불필요한 물건을 올려
두지 말라고 이야기하고 싶습니다. 괜히 꽃이나 리본 등을 이용
해 탁자를 장식하려고 했다가는 청중의 시선만 흐트러뜨릴 뿐이
지요. 탁자 위에는 연설자가 마실 물 한 잔만 준비해두면 충분합
니다. 아예 탁자를 치우는 것도 괜찮은 선택이고요. 연단의 주인
공은 연설자가 되어야 합니다.

〈네 번째 이야기〉 연설자의 바람직한 태도를 되새겨 봐

연설자는 연단에 등장하는 순간부터 연설을 마칠 때까지 주의를 기울여야 할 몇 가지 사항이 있습니다. 이를테면, 연설이 시작되기 한참 전부터 연설자가 일찌감치 자신을 노출시키는 것은 피해야 하지요. 나는 연설자가 미리 연단에 올라와 있는 것보다 연설이 시작되는 시각에 맞춰 연단에 등장하는 것이 청중의 호기심을 더 자극한다고 생각합니다.

또한 연설자는 연단에서 쓸데없는 동작을 삼가야 합니다. 자꾸 옷매무새를 추스르거나 얼굴과 머리카락을 매만지는 행동 등은 청중의 몰입을 방해하지요. 어떤 연설자는 연단에 삐딱하게 서서 다리를 떨거나 팔짱을 끼기도 하는데, 모두 청중에게 건방진 인상을 심어주기 십상입니다. 괜한 헛기침을 하는 등 이상한 소리를 반복적으로 내는 행위도 청중에게 불쾌감을 안겨줄 수 있지요.

그리고 연설자의 제스처는 연설의 성격과 청중이 어떤 대상인지에 따라 적절히 이루어져야 합니다. 프랭클린 루스벨트는 연설할 때 표정이 아주 풍부했던 것으로 유명하지요. 영국 정치인 존 글래드스턴은 연단에서 탁자를 손으로 치거나 바닥에 발을 구르는 등 거침없는 제스처를 선보인 것으로 알려져 있습니다. 그 밖에도 여러 유명인이 연설할 때 독특한 제스처로 청중의 눈길을 사로잡고는 했지요. 그들은 연설의 본질을 해치지 않는 적절한 제스처로 청중에 대한 설득력을 높였습니다.

연설의 성격과 청중을 고려하지 않은 제스처는 장점보다 단점이 더 많습니다. 연설자 혼자 분위기 파악을 못해 실패한 연설이 될 확률이 높지요. 연단 위에서 하는 제스처는 반드시 절제가 필요합니다. 연설의 내용을 강조하거나 청중의 동의를 이끌어내는 목적으로 최소화하는 편이 좋지요. 똑같은 제스처를 지겹게 반복하는 것도 금물입니다. 너무 돌발적인 제스처로 청중을 놀라게 해서도 안 되며, 하나 마나 한 성급한 제스처로 괜히 분위기만 산만하게 만드는 것도 조심해야 합니다.

잠깐, 대화의 기술이 필요해

■ 여덟 번째 이야기 ; 겉모습으로 판단하면 안 돼요

세상에는 가난해도 바르게 사는 사람이 많습니다. 똑똑하지만 항상 겸손해하는 사람도 많지요. 부자라도 검소하게 생활하는 사람 역시 적지 않고요.

옷차림새가 허름하다고 그 사람의 마음까지 볼품없지는 않습니다. 주머니에 돈이 없다고 그 사람의 머릿속까지 텅 비어 있지는 않지요. 공부를 많이 못했다고 지혜까지 부족하지는 않습니다.

가끔 화난 표정을 짓는다고 엄마가 나를 미워하시는 것은 아닙니다. 버럭 소리를 지른다고 아빠가 나를 싫어하시는 것은 아니지요. 키 크고 예쁜 친구라고 모두 마음씀씀이까지 멋진 것은 아닙니다. 못생기고 공부도 못하는 친구의 손길이 제일 따뜻한 경우도 있지요.

겉모습은 얼마든지 꾸며 낼 수 있습니다. 속마음은 '아니오'라도 밖으로는 '예'라고 말할 수 있습니다. 좋아하지 않아도 웃을 수 있지요. 슬프지 않아도 울 수 있고요. 알면서 모르는 척할 수도 있습니다.

어느 면에서는 겉모습도 중요하지만, 자칫 겉모습에 속아 진실을 잊으면 안 됩니다.

출처 -『초등 대화 기술』
(하늘땅사람 지음, 도서출판 책에반하다)

〈제 9 장〉
어떻게 연설을 시작할까

〈첫 번째 이야기〉 유쾌하게 생각하고 유쾌하게 행동해

강연장에 모인 청중이 모두 자발적으로 참석하는 것은 아닙니다. 그중에는 어떤 단체에 소속되어 온 사람도 있고, 주최 측의 초대를 받아 온 경우도 있지요. 또 제 발로 찾아온 청중이라 하더라도 그날의 연설에 별다른 기대를 하지 않을 수 있습니다. 어린이 여러분이 참여하는 행사라고 해도 크게 다르지 않지요.

그렇다면 연설자가 다양한 청중을 최대한 만족시키려면 어떻게 해야 할까요?

가장 효과적인 방법은 연설자가 연설을 시작하고 나서 되도록 빨리 청중의 호기심을 자극하는 것입니다. 그 자리에 모인 이유는 저마다 다르겠지만 연설자의 말 한 마디 한 마디에 빨리 관심을 갖도록 만들어야 하지요. 처음부터 청중의 눈길을 사로잡는다면 더할 나위 없이 좋습니다. 왜냐하면 청중은 참을성이 많지 않거든요. 연설이 시시하다고 느끼면 곧장 졸음에 빠져들거나 다른 일에 몰두하기 십상입니다. 그래서 나는 청중의 호기심을 자극하기 위해 유명인의 이야기로 연설을 시작하고는 합니다.

성공한 기업인이나 정치인의 일화를 들려주면 강연장에 모인 청중의 눈과 귀가 일제히 나에게 쏠리는 것을 느끼지요. 요즘은 많은 청중이 연예인이나 스포츠 스타에 관한 이야기에 더 큰 관심을 보이기도 합니다. 예를 들어 BTS가 어쩌고 하며 연설을 시작하면 강연장 분위기가 순식간에 후끈 달아오를 정도지요.

만약 여러분이 학급 회장이나 전교 어린이 회장 선거에 나가게 되더라도 마찬가지입니다. 누구나 아는 연예인이나 스포츠 스타 이야기로 친구들의 기대를 부풀게 할 수 있지요. 꼭 유명인 아니더라도 담임선생님이나 다른 친구들에 관한 재밌는 이야기를 들려주면 청중의 호기심을 자극할 수 있습니다.

〈두 번째 이야기〉 연설자의 바람직한 태도를 되새겨 봐

연설이든 대화든 상대방의 마음을 움직이기 위해 반드시 필요한 것은 진심입니다. 진심을 담지 않은 이야기로 상대방을 잠깐 속일 수는 있겠지만, 머지않아 거짓과 과장은 들통나게 마련이지요. 진심을 담아내지 못하면, 기껏 청중의 호기심을 자극하며 연설을 시작해도 곧 사람들의 외면을 받게 됩니다.

연설을 통해 상대방을 설득하고 변화시키는 데 인간적인 접근만큼 효과적인 것은 없습니다. 흔히 사람들은 타인의 솔직한 인생 이야기에 관심이 많지요. 거기서 상대방의 진심을 엿보기 때문입니다.

인간은 다른 사람의 안타까운 사연에 눈물을 보이고, 다른 사람의 행복한 모습을 바라보며 괜히 뿌듯해 하기도 합니다. 그게 다 인간이 가진 공감 능력 덕분이지요. 공감 능력이란, 타인이 처한 상황이나 기분을 같이 느낄 수 있는 능력입니다.

그렇다고 해서 거창하고 감정적인 이야기를 해야만 인간적인 접근에 성공하는 것은 아닙니다. 평범한 이야기라 하더라도 진심이 담겨 함께 공감할 수 있으면 그만이지요. 언젠가 내가 참석했던 강연에서 한 연설자가 이렇게 말문을 열었습니다.

"나는 오늘 기차를 타고 이곳에 왔습니다. 가만히 창문 밖을 내다보고 있자니 문득 어린 시절이 떠오르더군요. 제 어머니는 매일 기차를 타고 다니며 행상을 하셨습니다. 비가 오나 눈이 오나 하루도 빠짐없이 먼 길을 다니셨지요. 당시 기차는 지금의 기차와 비교할 수 없을 만큼 낡고 지저분했습니다. 속도도 무척 느렸고요. 어머니는 새벽같이 제일 가격이 싼 표를 끊어 이웃 마을에서 열리는 장터를 찾아다니며 오남매를 키우셨습니다. 그래서 비록 가난한 살림이었지만 자식들을 굶기지 않았고, 학교에도 보내주셨지요."

연설자가 이 정도 이야기했을 때 강연장 한쪽에서 눈물을 훔치는 청중이 보였습니다. 다른 사람들도 연설자의 말에 더없이 집중했지요. 그들은 모두 연설자의 솔직하고 인간적인 이야기에 감동한 것입니다. 그 이야기에는 연설자의 진심이 담겼기 때문이지요. 청중은 저절로 저마다의 추억에 잠기며 연설자가 하는 이야기에 공감했습니다.

인간적인 이야기의 힘은 상대방을 설득하고 변화시킵니다. 한국 텔레비전에서 <인간극장> 같은 프로그램이 오랫동안 인기를 끄는 것도 같은 이유지요. 여러분이 연설의 성공을 바란다면 청중의 호기심을 끄는 것 못지않게 인간적으로 진심을 담아내는 것이 중요합니다.

〈세 번째 이야기〉 구체적인 사례를 들어봐

누군가와 대화를 나누다 보면 "뜬구름 잡는 이야기 좀 그만해!"
라는 핀잔을 들을 때가 있습니다. 연설도 다르지 않습니다. 청중
이 공감하지 못하는 이야기만 반복하다 보면 연설을 마친 후 좋
은 평가를 받기 어렵지요. 많은 사람들이 집으로 돌아가는 길에
"오늘 연설자가 대체 무슨 이야기를 한 거야?"라며 허탈하게
됩니다.

그처럼 연설이 뜬구름 잡는 이야기가 되지 않으려면, 연설자가
구체적인 사례와 자료를 덧붙여야 합니다. 청중은 연설 내용이
추상적이면 금세 흥미를 잃지요. 실제적인 사례와 자료가 청중의
호기심을 불러일으키며 이해를 돕습니다.

실제적인 사례로는 앞서 언급한 기업인, 정치인, 연예인, 스포츠 스타의 등의 일화를 들 만합니다. 국내외 역사에 관련된 실화를 들려주는 것도 좋은 방법이지요. 어린이 여러분이라면 주변 친구들과 사이에 일어났던 재미있는 에피소드를 이야기하는 것도 청중의 관심을 끄는 데 도움이 됩니다. 그리고 자료도 중요한데, 그것이 여러분이 하는 연설에 믿음을 더하기 때문입니다. 통계 숫자나 그래프 등을 자료로 제시하면 청중의 집중력과 연설의 신빙성을 높이게 되지요.

한 가지 예를 들어볼까요?

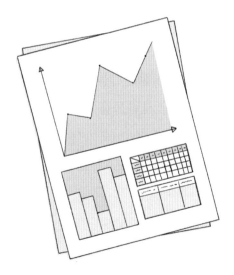

(가) 대한민국은 선진국이다.

(나) 대한민국 국내총생산(GDP)은 미국·중국·일본·독일·영국·인도·프랑스·이탈리아·캐나다에 이어 세계 10위다. 그 뒤를 러시아·브라질·호주 등이 잇는다.

어린이 여러분이라면 연설자 (가)와 연설자 (나) 중 어느 쪽의 말에 더 신뢰가 가나요? 당연히 (나)겠지요. 그냥 사실만 이야기한 (가)에 비해 (나)는 좀 더 정확한 자료를 바탕으로 이야기하기 때문입니다. 누군가는 (가)의 말을 듣고 '설마?' 하며 의심할 수도 있지요. 하지만 (나)의 말을 들으면 대한민국의 경제력을 실감하게 됩니다.

다만 이때 지나치게 많은 자료를 제시하는 것이 꼭 바람직하지는 않습니다. 전문가를 상대로 한 연설이라면 그럴 필요도 있겠지만, 평범한 사람들을 대상으로 하는 연설이라면 대한민국 국내총생산 순위가 주요 국가들과 비교해 어떤 수준인지만 설명해도 충분하지요.

⟨네 번째 이야기⟩ 청중을 참여시켜

청중 없는 연설은 존재 가치가 없습니다. 청중이 있어도 연설자의 이야기에 몰입하지 않는다면, 그 또한 성공적인 연설이라고 할 수 없습니다. 청중이 가만히 앉아 연설자의 말에 집중하기만 해도 큰 문제는 없습니다. 그러나 한 걸음 더 나아가 청중이 자유롭게 질문하는 등 적극적으로 호응하면 더욱 성공적인 연설로 평가받습니다.

한번 상상해보세요.

만약 여러분이 학급 회장 선거에 출마했는데 같은 반 친구들이 관심을 갖지 않는다면 무슨 소용일까요? 물론 친구들이 조용히 자리에 앉아 여러분의 연설을 들어주기만 해도 절반은 성공한 셈입니다. 그런데 친구들이 여러분의 연설에 더욱 집중해 환호하며 이런저런 질문까지 던진다면 분위기가 더 좋을 것이 틀림없지요.

노련한 연설자는 자기 연설에 청중을 참여시킬 줄 압니다. 연설을 시작하면서부터 호기심을 불러일으키며 자연스럽게 청중의 참여를 유도하지요. 그와 달리 미숙한 연설자는 청중의 참여는커녕 반응조차 제대로 살피지 못한 채 자기 이야기만 쏟아내기 바쁩니다.

　그럼 노련한 연설자가 연설에 청중을 참여시키는 방법에는 어떤 것이 있을까요?

나의 경우에는 종종 청중에게 질문을 던져 자발적인 참여를 이끌어냅니다. 이를테면 메모의 중요성에 대해 연설하다가 관심이 커 보이는 한 청중에게 "선생님은 수첩에 메모하시나요, 아니면 스마트폰 메모장에 기억할 것을 적어두시나요?"라고 질문하지요. 그러면 그 청중이 "저는 아직 수첩을 이용합니다."라는 식으로 대답하며 나의 연설을 거들게 됩니다. 그러다 보면 연설에 대한 다른 청중의 몰입도도 높아지게 되지요.

그러니 앞서 이야기했듯 여러분이 학급 회장 선거에 출마했다면 나와 같은 방법으로 친구들의 참여를 유도하는 것도 좋습니다. 여러분이 내거는 공약에 대해 친구들의 생각을 묻는 방식으로 말이지요. 예를 들어 "너는 교실에 어떤 화분을 가져다놓는 게 좋을 것 같아?"라고 묻는 것이 "나는 교실에 고무나무 화분을 두려고 해."라고 그냥 통보하는 것보다 친구들의 참여를 이끌어내는 데 도움이 됩니다.

〈다섯 번째 이야기〉 이러면 연설을 망칠지 몰라

가끔 연단에 오르자마자 우스갯소리부터 늘어놓는 연설자가 있습니다. 연설을 시작하면 바로 청중의 호기심을 불러일으켜야 된다는 부담감을 가져 무리수를 던지는 것이지요. 제법 경력이 쌓인 연설자도 이따금 벌이는 실수입니다.

『톰 소여의 모험』을 쓴 마크 트웨인은 유머 감각이 매우 뛰어난 연설자였습니다. 그는 대중 강연을 할 때마다 재치 있는 말솜씨로 청중을 사로잡았지요. 하지만 그와 똑같은 방식으로 100명이 이야기한다고 해도 99명은 청중을 웃기는 데 실패할 수밖에 없습니다. 유머 감각은 어느 정도 타고나는 것이며, 마크 트웨인의 방식을 모든 사람이 제대로 흉내 내기는 불가능하기 때문입니다.

그러므로 자신의 유머 감각이 부족하다고 느끼는 연설자라면 굳이 청중을 웃기려고 무리할 필요가 없습니다. 청중이 꼭 유머를 통해서만 연설에 재미를 느끼는 것은 아니니까요. 적절한 유머가 더해지면 더욱 좋겠지만, 차라리 하지 않는 편이 나은 우스갯소리는 피하는 것이 낫습니다. 얼핏 지루해 보이는 연설일지라도 연설자가 솔직한 태도로 진심을 담아 노력하면 청중이 주목하게 마련입니다.

또 하나, 이번에는 연설 초보자들이 자주 범하는 실수가 있습니다. 그것은 불필요한 사과를 하는 것이지요. 무슨 말이냐고요?

일부 초보자들은 연단에 올라 다짜고짜 "저는 말을 잘 못합니다."라거나 "제가 준비를 제대로 못했습니다." 같은 사과로 청중에게 말문을 엽니다. "저는 이 주제에 대해 아는 것이 별로 없습니다."라고 말해 청중의 기대를 한순간에 허물어뜨리기도 하고요. 연설자가 그 주제에 대해 잘 모른다는데 누가 연설에 관심을 갖겠습니까?

인간관계에서 먼저 사과하는 자세는 인격적으로 좋은 평가를 받을 수 있습니다. 하지만 연설에 관한 이야기라면 다르지요. 연단에 오른 연설자가 다짜고짜 자신의 부족함부터 털어놓으면 청중은 금방 믿음을 거두게 됩니다. 아니면, 연설자가 철저히 준비하지 않은 채 핑계 댈 준비부터 한다고 오해할 수도 있지요. 연설자에게도 사과가 필요한 순간이 있겠지만, 그것은 항상 상황에 맞게 적절한 수준으로 이루어져야 합니다.

잠깐, 대화의 기술이 필요해

■ 아홉 번째 이야기 ; 당연하다고 생각하지 말아요

 누군가와 진지한 대화를 나누려면 이런저런 마음의 준비를 해야 합니다. 그 준비가 꼭 무엇을 갖추는 것만을 의미하지는 않지요. 오히려 버려야 할 것도 있습니다.

 그게 뭐냐고요? 그건 바로 '당연히 이래야 해.', '마땅히 그래야 옳아.', '절대 그럴 수는 없어.' 같은 생각들입니다.

 물론 자기의 굳은 신념과 분명한 판단은 있어야 합니다. 하지만 지레짐작이나 섣부른 고집은 버려야 하지요. 그런 생각을 갖고는 상대방과 마음을 터놓고 대화할 수 없습니다. 서로 여유를 갖고 대화해야 보다 많은 것을 느끼게 되는 법이지요.

크레파스가 가득 칠해진 도화지에는 새로운 그림을 그릴 수 없습니다. 그와 마찬가지로 '선입견(직접 경험하기 전에 갖고 있는 생각)'과 '고정관념(이미 굳어져 좀처럼 변하지 않는 생각)'이 지나치면 누구의 말도 있는 그대로 받아들이기 어렵습니다.

출처 - 『초등 대화 기술』
(하늘땅사람 지음, 도서출판 책에반하다)

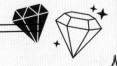

〈제 10 장〉
청중을 휘어잡는 방법

〈첫 번째 이야기〉 진실한 친구 되기

'꿀 한 방울이 쓸개즙 한 통보다 파리를 더 잘 잡는다.'

이것은 미국 속담입니다. 여러 경우에 인용할 수 있는데, 대화나 연설에도 딱 들어맞는 말이지요. 마냥 비판적이고 공격적인 연설보다는 상대방을 이해하고 다독이는 따뜻한 연설이 청중을 더 잘 변화시킬 수 있다는 뜻입니다.

에이브러햄 링컨은 이 속담을 연설에 제대로 적용한 사람이었습니다. 1858년, 그는 상원 의원 선거에 출마해 수십 번 연단에 오르게 됐지요. 하루는 그에게 적대감을 가진 유권자가 많은 일리노이 주에서 연설을 하게 됐습니다. 당시만 해도 그 지역 사람들은 아무렇지 않게 칼과 총을 지니고 다녀 자칫 큰 사고가 발생할 위험이 있었지요.

"후보님, 일리노이 주 연설은 취소하시는 게 좋겠습니다. 그곳에는 노예 제도 폐지에 반대하는 사람들이 너무 많아 무슨 짓을 벌일지 모릅니다."

보좌관들 중 한 사람이 링컨을 말렸습니다. 하지만 링컨은 그럴 생각이 전혀 없었지요. 그가 오히려 보좌관을 설득했습니다.

"나에게 반대하는 유권자가 많을 지역일수록 더 자주 찾아가 정책을 설명해야 하지 않겠나? 나는 연설을 통해 그들의 마음을 바꿀 자신이 있네."

링컨의 이 말은 관한 허세가 아니었습니다. 그는 실제로 일리노이 주에 마련된 연단에 올라가 자신에게 반대하는 사람들을 당당히 만났지요. 그는 청중에게 자신을 정중히 소개한 다음 원하는 모든 이들과 일일이 악수를 나누었습니다.

그날 연단에 오른 링컨의 얼굴 표정은 한없이 평화로워 보였습니다. 어떤 위협도 느끼지 않는 듯했지요. 그의 목소리에는 진심이 묻어났고, 연설 내용은 자신의 정책에 반대하는 사람들까지 관대하게 포용했습니다. 그러니 청중도 연설자의 말 한 마디 한 마디에 차분히 귀 기울이는 모습을 보였지요. 나중에는 적지 않은 수의 일리노이 주 사람들이 링컨에게 박수치며 환호를 보내기까지 했습니다. 어느새 그들은 친구처럼 다정한 사이가 된 것이지요.

나와 생각이 다른 사람들을 설득하는 일은 매우 어렵습니다. 마치 부정적인 반응을 보이려고 작정한 듯한 사람들에게 나의 이야기를 끝까지 들려주는 일은 그 자체로 난관이지요.

나에게 반대하는 사람들은 자존심 때문에라도 좀처럼 생각을 바꾸지 않습니다. 자신의 의견을 굽히는 것을 패배로 받아들이는 탓입니다. 그런 청중 앞에서 연설할 때는 이야기의 내용보다 긍정적인 방향으로 분위기를 이끄는 것이 더욱 중요합니다. 상대방이 나를 친구로, 최소한 적으로 여기지는 않게 만들어야 하니까요.

 그와 같은 면에서 링컨은 아주 노련한 연설자였습니다. 그는 "청중에게 긍정적인 답변을 이끌어내려면 우선 공통분모를 찾아야 합니다."라고 말한 적이 있지요. 일리노이 주에서도 링컨은 연설을 시작하고 나서 30분 동안은 상대방의 주장에 이해하고 동의하면서 우호적인 분위기를 만드는 데 집중했습니다. 그리고 시간이 흐르면서 조금씩 그들과 다른 자신의 생각을 이야기했지요. 친구처럼 다가서는 그의 이야기에 결국 반대자들도 하나둘 마음을 열었습니다.

〈두 번째 이야기〉 논쟁은 피하고 차분히 설명해

앞서 이야기한 일리노이 주 연설에서 만약 링컨이 청중에게 적개심을 내보였다면 어땠을까요? 설령 눈에 띄게 분노를 내비치지는 않더라도 자신에게 반대하는 사람들의 의견에 일일이 논쟁을 벌였다면 어땠을까요?

만약 그랬다면, 그날 링컨은 아무런 소득도 얻지 못하고 연단을 내려왔을 것이 틀림없습니다. 그렇지 않아도 마음에 들지 않는 정치인인데 자신들을 이해하기는커녕 논쟁만 벌이려는 후보에게 표를 찍어줄 유권자는 한 사람도 없었겠지요.

연설자가 공격적인 모습을 보이면 당연히 청중도 평화적인 태도를 갖지 않습니다. '어떻게 하나 두고 보자.'라는 심정으로 연설자를 노려보지요. 그러다가 연설자가 작은 실수라도 하게 되면 '내가 그럴 줄 알았어. 저 따위 연설자가 하는 말은 하나도 귀담아 들을 필요가 없어.'라는 조롱을 쏟아 붓습니다.

그런데 연설의 분위기가 그와 같이 망가지는 가장 큰 책임은 연설자에게 있습니다. 일찍이 링컨이 이야기한 공통분모를 찾기는 커녕 연설자 자신과 청중의 차이부터 부각시키는 것은 그릇된 행동이지요. 처음부터 나와 논쟁부터 벌이겠다는 상대방에게 누가 마음을 열겠습니까?

내가 존경하는 미국 정치인 중에 헨리 로지라는 인물이 있습니다. 그는 여러 차례 상원 의원에 당선되어 미국 사회의 발전을 위해 노력했지요. 그런데 그는 연설 솜씨가 뛰어났던 것으로도 유명합니다. 그는 경쟁 정당에 소속된 많은 의원들에게도 좋은 인상을 심어주었지요. 그 이유가 무엇이었을까요?

로지는 다른 정당 사람들 앞에서 연설할 때 항상 모든 의원이 미국의 발전을 위해 일한다는 사실을 상기시켰습니다. "이 문제를 해결하는 방법에 대해 여러분과 저의 판단이 다를 수는 있습니다. 하지만 우리 모두 세계 평화와 미국의 발전이라는 큰 뜻은 함께하고 있지요."라는 식으로 말입니다. 그는 연단에 올라 상대편과 논쟁부터 벌이려는 공격적인 태도를 보이지 않았습니다. 그런 까닭에 그의 연설에는 경쟁 정당에 소속된 의원들도 끝까지 귀를 기울이는 예의를 갖췄지요.

인간관계에서 벌어지는 무슨 일이든 강하게 밀어붙이면 흔히 부작용이 생기고는 합니다. 언뜻 강하게 밀어붙이는 쪽의 의도대로 일이 풀리는 듯하지만 이내 상대편의 반발을 사 아무런 실속도 얻지 못하기 일쑤지요.

연설도 마찬가지입니다. 연설자가 처음부터 자기 주장을 밀어붙이면서 논쟁을 피하지 않으면 청중이 잔뜩 움츠러들게 마련입니다. 하지만 그것이 청중을 설득하거나 변화시켰다는 증거는 결코 아니지요.

설령 모든 청중이 연설이 끝나도록 잠잠히 앉아 있다 하더라도 연설자의 이야기에 수긍하는 것은 절대 아닙니다. 그들은 무례한 연설자 앞에서 불쾌한 자신의 감정을 감추고 있을 뿐입니다.

연설자가 논쟁하는 사람이 되어서는 안 됩니다. 연설자는 청중에게 찬찬히 설명하고 이해를 구하는 사람이 되어야 하지요. 그러다 보면 언젠가는 청중이 변화해 제 발로 연설자에게 다가오게 됩니다.

〈세 번째 이야기〉 청중의 마음을 흔들어

어느 학교의 학급 회의를 상상해보겠습니다.

회장이 스승의 날을 맞아 담임선생님께 드릴 꽃다발을 사자고 제안합니다. 그러자 한 친구가 회장의 의견에 반대했지요.

"이번에는 돈 주고 꽃다발을 사기보다 우리끼리 힘을 합쳐 만드는 게 어때? 선생님도 우리가 색종이로 직접 만든 꽃을 더 좋아하실 거야."

그 친구의 말에 또 다른 친구가 손사래를 쳤습니다.

"우리가 색종이로 꽃을 만들어봤자 하나도 예쁘지 않아. 괜히 힘만 든다고. 게다가 우리 담임선생님은 남자라서 꽃을 별로 좋아하시지도 않을 거야. 그보다는 선생님께 꼭 필요한 선물을 해드리는 게 나을 것 같아."

우리가 세상을 살아가다보면 학교에서나 사회에서나 이처럼 서로의 의견이 충돌하는 경우를 흔히 맞닥뜨리게 됩니다. 사람들 사이에 이견, 그러니까 서로 다른 의견이 있는 것은 매우 당연한 일이지요. 어느 한쪽이 무조건 옳거나 틀리다고 말하기 쉽지 않습니다.

그러므로 연단에 오른 연설자가 자기 주장만 옳다면서 청중에게 일방적으로 강요하는 태도는 바람직하지 않습니다. 그렇게 해서는 청중의 마음을 절대로 얻을 수 없지요. 상대방을 마음 없이 억지로 행동만 바꾸게 해봤자 그와 같은 변화가 오래 지속될 리 없습니다. 위에 사례로 든 학급 회장이 그냥 자신의 생각을 밀어붙이면 학급 친구들의 반감을 사게 되겠지요. 그렇게 꽃다발을 산들 일부 친구들은 마냥 투덜거리게 될 뿐입니다.

내가 보기에, 많은 연설자들이 착각하는 문제가 하나 있습니다. 그들은 자신의 생각대로 청중을 변화시키겠다고 다짐하며 연단에 오르는 듯하지요. 하지만 인간은 다른 누군가의 몇 마디 말에 따라 쉽게 달라지지 않습니다. 더구나 마음을 움직이지 못한 채 머릿속의 생각만 아무리 강요한들 좀처럼 받아들이려고 하지 않지요.

노련한 연설자는 연단에서 청중의 마음을 흔들기 위해 노력합니다. 사탕발림 같은 말로 꼬드기려 들기보다 진심어린 솔직한 이야기로 청중의 마음을 열기 위해 노력합니다.

나만 옳고 여러분은 틀렸어, 라는 자세로는 청중의 마음을 움직일 수 없습니다. 우선 자신과 청중의 공통분모를 찾고, 자신의 생각을 차분히 설명한 다음, 청중을 이해하고 설득하며 마음을 열게 해야 연설자가 바라는 대로 진정한 변화가 이루어집니다. 그러면 청중이 기꺼이 연설자의 제안에 동참하며 도움의 손길을 내밀기도 합니다.

잠깐, 대화의 기술이 필요해

■ 열 번째 이야기 ; 웃으며 헤어지겠다고 다짐해요

대화란 늘 좋은 결론으로 끝을 맺을 수 없습니다. 사람의 얼굴이 저마다 다르듯 생각 또한 똑같지 않기 때문이지요. 때로는 서로 다른 의견 때문에 얼굴을 붉히기도 합니다.

그러나 대화를 시작할 때는 결론에 상관없이 웃으며 헤어지겠다고 마음먹을 필요가 있습니다. 설령 생각이 다르다고 해서 상대방을 미워하면 안 된다는 이야기지요. 생각은 시간이 지나면서 변할 수 있지만, 한번 미워한 사람과 다시 가까워지기는 참 어려운 법입니다.

사실 생각이 좀 다른 것은 아무런 문제도 아닙니다. 아니, 서로 다른 생각을 이해하고 설득하는 과정에 더욱 바람직한 결론을 이끌어 낼 수 있지요. 민주주의란, 한마디로 모든 사람이 서로 다르다는 사실을 인정하는 것입니다. 나와 다른 남을 넓은 마음으로 받아들일 때 비로소 편안하게 대화할 수 있는 환경이 만들어집니다.

출처 －『초등 대화 기술』
(하늘땅사람 지음, 도서출판 책에반하다)

11

〈제 11 장〉
어떻게 마무리할까

〈첫 번째 이야기〉 시작만큼 중요한 마무리

연설자의 능력은 연설 전체를 통해 판단할 수 있습니다. 그중에서도 시작과 끝부분이 매우 중요하지요. 앞서 연설의 시작이 얼마나 중요한지 살펴봤는데, 그에 못지않게 연설을 어떻게 마무리하는지도 성패에 큰 영향을 끼칩니다.

연극계 사람들은 종종 이런 말을 합니다. "배우가 등장하고 퇴장하는 모습만으로도 그 배우의 수준을 알 수 있다."라고요. 그만큼 시작과 마무리가 중요하다는 뜻이지요. 연설의 경우가 바로 그렇습니다.

시작과 마무리. 사실 연설자가 이것을 모두 능숙하게 처리하기는 쉽지 않습니다. 특히 마무리는 전략적인 면에서 볼 때 연설에서 가장 중요한 부분이지요. 대개 연설자가 마지막에 하는 말이 청중의 귓전에 오래도록 맴돌기 때문입니다. 그럼에도 연설 초보자들은 마무리의 중요성을 잘 깨닫지 못하지요.

이따금 나는 "이 문제에 대해 제가 할 말은 여기까지입니다. 이만 여기서 마쳐야겠군요."라고 하며 연단에서 내려오는 연설자를 목격합니다. 내가 보기에는 결코 바람직하지 않은 모습이지요. 이것은 아직 자신이 아마추어 연설자라는 것을 인정하는 꼴입니다. 연설을 통해 할 이야기를 다했으면 즉시 말을 멈춰야지, 불필요한 이야기를 덧붙이며 마무리할 필요는 전혀 없습니다.

그러므로 연설자는 연설을 준비하는 단계에서부터 특별히 마무리를 잘 계획해야 합니다. 연설의 마무리는 여러 차례 반복해 연습해도 지나치지 않지요. 마무리를 잘하면, 설령 연설하는 내내 부족한 부분이 좀 있었더라도 청중에게 좋은 인상을 남길 수 있습니다.

한자 문화권에서 자주 사용하는 사자성어 가운데 '화룡점정'이라는 것이 있습니다. 말 그대로 해석하면 용을 그린 다음 마지막으로 눈동자를 그린다는 뜻이지요. 그 속뜻은 눈동자로 상징한 마무리가 가장 중요하다는 의미입니다. 그러니까 아무리 용을 멋지게 꾸며놓아도 마무리 부분인 눈동자를 제대로 그리지 못하면 아무 소용없다는 것이지요. 화룡점정은 연설에서 절대 빼놓을 수 없는 성공 요소입니다.

〈두 번째 이야기〉 마무리는 간단히

이미 말했지만, 연설의 마무리는 준비 과정에서부터 철저히 계획해둬야 합니다. 어떻게 마무리할 것인지 미리 분명하게 대비해놓아야 하지요.

다른 사람들의 강연에 참석해보면, 어떤 연설자들은 도무지 언제 어떻게 끝내야 할지 헷갈려하는 모습을 보입니다. 자기가 했던 말을 쓸데없이 반복하며 연설을 끝낼 듯 말 듯 허둥대기 일쑤지요. 말하나 마나 그런 사람들은 더 많은 준비와 연습이 필요합니다.

또한 초보자의 경우는 실컷 연설하는 도중에 갑자기 진행을 멈추고 서둘러 끝내버리는 모습을 보이기도 합니다. 그들의 마무리에는 매끄러움이 부족하지요. 그들은 아무런 신호도 없이, 시속 100킬로미터로 달리던 자동차가 급브레이크를 밟듯 연설을 끝마쳐버립니다. 그것은 마치 친구들과 신나게 이야기를 나누다가 인사도 없이 갑자기 자리를 떠나버리는 것과 다를 바 없지요.

그렇다고 연설의 마무리에 무조건 근사한 말만 잔뜩 늘어놓는 것이 바람직하다는 것은 아닙니다. 뭐든 빠르게 변화하는 시대 흐름에 맞춰, 연설의 마무리 역시 간단명료하게 하는 것이 좋지요. 연설의 마무리를 괜히 지루하게 이어가는 연설자는 청중에게 환영받지 못합니다. 무엇보다 짧으면서도 분명한 메시지를 담는 효과적인 마무리가 되어야 하지요.

사람들이 자주 하는 말 가운데 "박수칠 때 떠나라."라는 것이 있습니다. 다른 사람들이 환호하는 순간이 뒤로 물러나기 가장 좋을 때라는 의미로 쓰이지요. 연설도 마찬가지입니다. 청중이 좀 더 이야기를 듣고 싶다는 반응을 보일 때, 오히려 연설자가 마무리를 잘하면 더욱 강렬한 인상을 남기게 됩니다.

어린이 여러분이 좋아하는 음식을 눈앞에 둔 장면을 떠올려볼까요?

아무리 좋아하는 음식이라도 그것이 너무 많으면 소중함을 느끼지 못합니다. 그와 달리 좋아하는 음식이 약간 부족한 듯 보이면 그 음식을 더 귀하게 여기게 되지요. 양이 좀 모자란 듯싶으면 맛도 더 좋게 느껴지는 신기한 경험을 하기도 합니다.

연설도 그렇습니다. 무슨 이야기를 하다가 흐지부지하면 절대로 안 되지만, 노련한 연설자는 청중이 다음에도 자신의 연설을 기대하게 만드는 재주가 있지요. 그러려면 적절한 시점에, 연설을 간단명료하게 마무리 지어야 합니다.

〈세 번째 이야기〉 연설을 마무리하는 구체적인 방법

연설을 마무리하는 데도 몇 가지 구체적인 방법이 있습니다. 지금은 초보자라 하더라도 다음에 설명하는 마무리 기술들을 잘 활용하면 뛰어난 연설자로 성장할 수 있지요. 물론 좋은 마무리를 하기 위해서는 연설의 전체 내용이 훌륭해야 합니다. 머리와 몸통이 형편없는데 꼬리만 그럴싸해 보일 수는 없으니까요.

우선, 연설의 마무리 부분에는 핵심을 요약하는 이야기가 있어야 합니다.

연설자는 오랜 시간 자신의 연설 내용에 대해 생각합니다. 성공적인 연설을 하기 위해 철저히 준비하다 보면 눈 감고도 연설문을 전부 외울 수 있을 정도가 되지요. 하지만 청중은 그날 그 자리에서 연설 내용을 처음 접할 따름입니다. 그래서 아무리 연설을 집중해 들어도 연설자가 정작 무엇을 전달하려고 하는지 헷갈릴 때가 있지요.

그런 까닭에 연설자는 연단에서 내려오기 전 청중에게 연설의 요점을 다시 한 번 각인시킬 필요가 있습니다. 각인이란, 도장을 새기듯 머릿속에 깊고 또렷하게 기억한다는 뜻입니다. 즉 여러분이 학교에서 종종 갖는 요점 정리 시간이라고 할 수 있겠지요.

연설자가 마무리 부분에 핵심을 잘 요약하면 설령 연설 시간에 한눈을 팔았던 청중이라 하더라도 대략의 내용을 이해하게 됩니다. 그것이 최선은 아니지만, 연설 내용을 하나도 모르고 집으로 돌아가는 것보다는 낫겠지요. 또한 연설 내내 집중했던 청중도 연설자가 이야기하려는 핵심을 다시 한 번 되새기는 효과가 있습니다.

또한 연설의 마무리 부분에는 청중의 행동을 촉구하는 당부가 있어야 합니다.

연설의 궁극적인 목적은 청중의 공감과 변화를 이끌어내는 것입니다. 청중이 연설자의 이야기에 그냥 고개만 끄덕이는 것으로 그치지 않고 행동으로 이어진다면 더 바랄 나위 없지요. 그러기 위해 연설자는 청중의 행동이 가져올 긍정적인 변화에 대해 희망을 심어줘야 합니다. 나아가 그런 변화를 가져올 청중의 재능과 노력을 칭찬으로 북돋워야 하지요.

연설이 연설로만 끝나면 공허한 메아리로 들리기 십상입니다. 연설자가 오랜 시간 준비해 열정적으로 연설하는 이유는 청중이 조금이나마 변화하기를 바라기 때문이지요. 그것이 단지 생각의 변화인 경우도 있겠지만, 청중의 행동이 변화할 때 진정으로 우리의 삶과 세상이 달라지게 됩니다. 그것이 바로 연설의 가치입니다.

아울러 연설의 마무리에 시 구절을 인용하거나 간단한 유머로서 청중을 한 번 더 몰입하게 해야 합니다.

청중을 위해 핵심을 요약하거나 적극적인 행동을 촉구하다 보면 연설의 마무리가 딱딱해지기 십상입니다. 그러다 보면 자칫 연설이 지나치게 교훈적인 분위기로 끝날 수 있지요.

'당의정'이라는 말이 있습니다. 알약을 제조할 때 쓴맛이나 불쾌한 냄새를 감추기 위해 표면에 당분을 입힌 것을 일컫지요. 연설 역시 그처럼 당의정이 되어야 바람직합니다. 이야기 속에는 교훈적인 내용을 담더라도 청중에게는 그것을 되도록 쉽고 재밌게 전달해야 하지요.

연설을 당의정으로 만드는 데는 시 구절을 인용하거나 유머를 활용하는 것이 좋습니다. 내가 아는 유명 연설자 가운데 해리 로더라는 인물이 있습니다. 그는 언젠가 연설을 마치며 다음과 같은 시 구절로 마무리했지요.

계절이 또 왔다가 가네.

모든 것은 시드는 법.

그러나 아침이슬처럼 생생하게 피어나는 것이 있으니

그것은 바로 당신을 향한 나의 사랑.

　나는 지금 이 시가 누구의 작품인지 기억나지 않습니다. 하지만 그날 로더의 연설은 여전히 머릿속에서 지워지지 않지요. 그게 다 그가 인용한 시 구절 때문입니다. 그는 이 시를 통해 자신과 청중의 인연을 강조했지요. 아마도 나뿐만 아니라 많은 청중이 이 시 구절로써 그날의 연설을 기억할 것이 틀림없습니다.

　유머 역시 시 구절을 인용하는 것 못지않게 청중의 마지막 몰입을 유도하는 데 안성맞춤입니다. 다만 마무리 부분의 유머일수록 간단명료해야 하지요. 여기서 말하는 유머는 단순한 우스갯소리를 의미하지 않습니다. 얼핏 실없는 소리로 들릴지 몰라도 그 속에는 연설의 핵심을 되새길 만한 실마리가 들어 있어야 하지요.

덧붙여, 기독교 신자가 많은 미국이라면 성경 구절을 인용하며 연설을 마치는 것도 좋은 방법입니다. 당연히 불교 신자가 많은 곳에서라면 불경 구절을 담아야 하고요. 사람들은 자신이 믿는 종교의 경전을 이야기할 때 더욱 신뢰감을 갖기 때문입니다. 연설자가 경건한 분위기로 연설을 끝내고 싶을 때도 종교적인 내용을 마무리에 담으면 효과가 좋지요.

해리 로더

잠깐, 대화의 기술이 필요해

■ 열한 번째 이야기 ; 때로는 침묵이 말보다 나아요

백 마디 말보다 침묵하는 편이 바람직할 때가 있습니다. 말은 서로를 이해하는 데 더없이 좋은 수단이지만, 자칫 쓸데없는 오해를 불러일으키기도 하지요. 일일이 옳고 그름을 가리는 것이 대화의 목적은 아닙니다.

어떤 경우에는 가만히 상대방의 감정을 헤아려주는 편이 훨씬 중요할 때가 있지요.

그런데 침묵한다고 해서 아무 말도 하지 않는 것은 아닙니다.

침묵 속에 백 마디 말보다 더 깊은 의미가 담길 수 있으니까요. 말은 구체적으로 어떤 내용을 표현하지만, 침묵은 상대방에게 다양한 상상력을 불러일으킵니다. 내가 틀림없이 잘못했는데도 혼내지 않고 침묵하고 계신 선생님이 오히려 더 무섭지 않던가요? 어쩌면 침묵은 지혜로운 사람들이 즐기는 대화의 방법이라고 할 수 있습니다.

출처 – 『초등 대화 기술』
(하늘땅사람 지음, 도서출판 책에반하다)

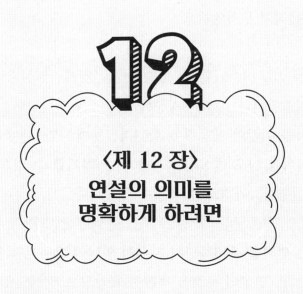

〈제 12 장〉
연설의 의미를
명확하게 하려면

〈첫 번째 이야기〉 운청중에게 맞춤 연설을 해

연설의 목적이 무엇일까요?

크게 4가지로 이야기할 수 있습니다. '첫째, 연설자의 지식과
생각을 전달합니다. 둘째, 청중에게 감동을 전합니다. 셋째, 청
중의 변화를 이끌어 행동하게 합니다. 넷째, 청중에게 즐거움을
줍니다.' 이 밖에도 연설의 목적을 더 이야기할 수 있으나, 보통
은 방금 설명한 4가지로 정리할 수 있습니다.

연설자는 연설을 준비하면서 자신이 연단에 오르는 목적을 따져
봐야 합니다. 연설의 목적을 정확하게 알고, 그것을 제대로 이루
기 위해 명확한 의미를 연설 내용에 담아야 하지요. 그러려면 무
엇보다 청중의 기대와 수준을 고려한 맞춤 연설을 해야 합니다.
만약 연설자가 청중의 기대와 수준을 염두에 두지 않는다면 성
공적인 연설이 되기 어렵습니다. 연설자가 무슨 말을 하는지조
차 청중이 이해하기 어려울 테니까요. 연설자가 자기 잘난 맛에
전문 용어만 잔뜩 늘어놓는다면 청중이 연설에 몰입할 수 없습니
다.

영국 출신 물리학자 올리버 로지는 과학 지식이 별로 없는 청중에게 어떻게 원자의 크기와 성질을 설명할까 고민했습니다. 그는 연단에 올라 물 한 방울에 들어 있는 원자 수가 지중해의 물방울 개수만큼 많다고 이야기했지요. 또 어느 때는 물 한 방울에 지구상의 풀잎 개수만큼 많은 원자가 들어 있다고도 설명했습니다. 그 덕분에 청중은 물질을 구성하는 최소 단위인 원자에 대해 조금이나마 이해력을 높일 수 있었지요.

올리버 로지는 청중이 어느 수준의 과학 지식을 갖추고 있는가에 따라 연설 내용에 변화를 주었습니다. 그것은 연설의 의미를 명확히 전달하기 위해 연설자가 갖춰야 할 바람직한 자세지요. 여러분이 연단에 오를 때도 그 점을 명심해야 합니다. 여러분 앞에 앉아 있는 청중이 학생인지, 선생님인지, 가족인지에 따라 연설 내용과 이야기를 전달하는 방식이 달라야 하지요. 청중의 직업이 농부인지, 과학자인지, 군인인지에 따라서도 거기에 어울리는 맞춤 연설을 해야 합니다.

"나는 어렸을 적에 일부러 어렵게 말하는 어른들을 보면 왠지 짜증이 났습니다. 그들은 상대방이 어떤 사람인지 살펴 이해시키기보다, 단지 자신의 지식을 자랑하려는 것처럼 보였지요. 그래서 나는 성인이 된 후 타인과 대화하거나 연설할 때 어떻게 하면 상대방에게 그 내용을 효과적으로 전달할 수 있을까 고민했습니다. 그 해답은, 내가 먼저 대화와 연설의 내용을 완벽히 공부한 다음 되도록 쉬운 말로 표현하기 위해 노력하는 것이었지요. 그 습관이 정치인이 된 지금도 내게 남아 있습니다."

이것은 에이브러햄 링컨의 말입니다. 그가 되도록 쉬운 말로 표현하기 위해 노력했다는 것이 다름 아닌 청중을 배려한 맞춤 연설을 의미합니다.

〈두 번째 이야기〉 시각 효과를 이용해

이미 설명했듯, 인간의 뇌는 청각보다 시각에 더 예민합니다. 인간은 귀로 듣는 것보다 눈으로 보는 것에 25배나 더 주의를 기울인다고 하지요. 그러니 동양 속담에 '백 번 듣는 것보다 한 번 보는 것이 낫다.'라는 말도 있는 것입니다.

따라서 연설자가 청중 앞에서 연설할 때는 시각 효과를 적극 활용하는 것이 좋습니다. 그 방법으로 다양한 시각 자료를 제시하거나, 어떤 형상을 떠올리도록 구체적인 사례를 들며 연설할 수 있겠지요. 그냥 말로만 아프리카 대륙의 기아 참상을 이야기하기보다 오랫동안 굶주려 비쩍 마른 그곳 아이들의 모습을 사진으로 보여주면 청중의 집중력이 더 높아지는 식입니다. 또 예를 들어 개에 대해 이야기할 때도 구체적인 견종과 독특한 생김새를 설명하면 청중의 이해력이 한층 높아지게 됩니다.

시각 효과를 잘 이용하는 연설자는 연단에서 청중의 주목을 받게 됩니다. 요즘은 컴퓨터 프로그램을 활용해 만든 다채로운 표와 그래프 등을 연설에 사용하는 것도 좋은 방법이지요. 아울러 인터넷 검색을 통해 준비하는 각종 시각 자료도 청중의 집중력을 높이는 데 매우 효과적입니다. 그와 같은 노력이 더해져 비로소 연설의 의미가 명확해지는 것이지요.

〈세 번째 이야기〉 핵심은 반복해서 설명해

연설자가 어떤 사실에 대해 잘 알고 그 내용을 최선을 다해 전달했다고 해서 청중이 완전히 이해하는 것은 아닙니다. 어느 경우에는 연설자가 한 시간 넘게 열심히 설명해도 대부분의 청중이 하나도 모르겠다는 표정을 짓고는 하지요.

누구든 새로운 지식을 이해하는 데는 시간이 걸리게 마련입니다. 더구나 청중이 그 지식을 온전히 자기 것으로 받아들여 행동의 변화로 나타내기까지는 연설자의 더 많은 노력이 요구되지요. 그때 필요한 것이 바로 '반복'입니다. 청중이 이해할 때까지 반복해서 설명하고, 반복해서 확인하는 과정이 필요하다는 것입니다.

하지만 반복이라고 해서 똑같은 말을 되풀이하는 것을 의미하지는 않습니다. 단순히 똑같은 말을 반복하면 오히려 청중이 흥미를 잃어 연설에 무관심해지기 십상이지요. 어쩌면 청중이 연설자를 향해 반발심을 드러낼지도 모릅니다.

그러면 무엇을, 어떻게 반복해야 할까요?

연설자가 반복해 설명해야 하는 것은 그 연설의 핵심 내용입니다. 중요하지 않은 내용을 반복해 설명했다가는 그나마 청중에게 전달한 핵심 내용까지 흐지부지 잊히게 되지요. 그러므로 연설자의 반복은 가장 중요한 내용에 한정돼 이루어져야 합니다.

또한 핵심 내용을 반복해 설명할 때도 가능한 한 새로운 사례와 단어를 이용하는 편이 좋습니다. 똑같은 내용을 이야기한다고 해도 되도록 색다른 표현 방법을 찾으라는 뜻이지요. 아무리 중요한 내용이라 해도 앵무새처럼 단조롭게 반복하다 보면 청중이 지루함을 느낄 수밖에 없으니까요.

〈네 번째 이야기〉 일반적이고 구체적인 사례가 필요해

　연설 내내 아무런 자료나 사례 없이 연설자의 주장만 계속된다면 청중이 그 의미를 명확히 이해하기 어렵습니다. 일단 청중이 재미를 느낄 수 없지요. 연설자가 자신의 주장을 명확하게 표현하는 가장 확실한 방법은 '일반적인 사례'와 '구체적인 사례'를 드는 것입니다.

　무슨 말이냐고요?"

　엄청나게 많은 수입을 올리는 스포츠 스타가 있다."라는 말을 예로 들어보겠습니다. 이 문장은 일반적이지도, 구체적이지도 않지요. 이 문장이 일반적인 사례가 되려면 "프로 스포츠 스타 중에는 변호사, 배우, 가수, 심지어 대기업 사장보다 많은 연봉을 받는 선수들이 있다."라는 식으로 말해야 합니다. 서로 비교할 만한 고소득 직업군을 예로 들어 청중이 좀 더 실감할 만하게 유도하는 것이지요.

하지만 그 경우도 구체적인 사례라고 말할 수는 없습니다. "프로 축구 스타 리오넬 메시는 미국 인터 마이애미 팀으로 이적하면서 무려 5천400만 달러의 연봉을 받게 됐다."라는 식으로 이야기해야 구체적인 사례가 되지요. 어떤 인물이 얼마큼의 연봉을 받는다고 정확한 사례를 들어야 연설의 내용이 두루뭉술해지는 한계를 피할 수 있습니다.

연설자가 청중에게 연설의 의미를 명확히 이해시키려면 그처럼 일반적인 사례와 구체적인 사례를 모두 효과적으로 활용해야 합니다. 연설 중 적절한 시기에 그와 같은 사례를 들어 연설자에 대한 신뢰를 높여야 하지요. 또한 연설자가 올바른 방식으로 다양한 사례를 언급하면 청중의 호기심을 자극하게 됩니다. 그것은 곧 청중의 뜨거운 호응으로 이어지지요.

〈다섯 번째 이야기〉 너무 많은 내용을 담지 마

동양 사람들이 자주 쓰는 사자성어 중에 '과유불급'이라는 말이 있습니다. '일정한 정도를 지나치면 거기에 못 미치는 것과 같다.'라는 뜻이지요. 연설도 그렇습니다. 연설자가 정해진 시간 안에 너무 많은 이야기를 하려고 들면 오히려 부작용만 커지지요.

미국의 심리학자 윌리엄 제임스는 "하나의 강연에서는 한 가지만 강조해야 한다."라고 주장했습니다. 나는 언젠가 불과 5분짜리 연설에서 무려 9가지의 내용을 이야기하는 연설자를 본 적이 있지요. 당연히 그 연설은 실패하고 말았습니다. 연설자가 무엇을 이야기하려는지 청중이 도저히 갈피를 잡을 수 없었으니까요.

그런데 의외로 적지 않은 연설 초보자들이 그와 같은 실수를 범하고는 합니다. 너무 의욕이 넘쳐 자기에게 주어진 그릇에 다 담지도 못할 엄청난 내용을 쏟아내는 것이지요. 한정된 시간에 지나치게 많은 의미를 전달하려고 해 오히려 청중의 외면을 받는다는 말입니다.

어린이 여러분도 교장 선생님의 훈화 말씀이 너무 길어 지루했던 경험이 있지 않나요?

연설이 너무 길면 청중은 집중력을 잃어 딴청을 피우기 십상입니다. 성공적인 연설이 되려면 되도록 짧은 시간 안에 핵심 내용을 명확히 전달해야 하지요.

그리고 정해진 시간 안에 여러 가지 내용을 이야기하려는 지나친 욕심도 금물입니다. 만약 교장 선생님께서 학생들에게 바라는 점을 한꺼번에 이것저것 이야기하면 어떻게 될까요? 그 경우 학생들은 무엇 하나도 명확히 기억하지 못할 위험이 큽니다. 차라리 교장 선생님이 꼭 당부하고 싶은 내용을 한두 가지만 전달하는 편이 훨씬 효과적이지요.

연설자에게 필요한 재능 중 하나는 한정된 시간 안에 연설의 서론, 본론, 결론을 논리적으로 풀어내는 것입니다. 또한 자기가 이야기하려는 주제를 명확히 해 청중의 집중력을 높여야 하지요. 연설자가 한 자리에서 너무 많은 정보를 제공하면 청중이 어리둥절한 표정을 지을 수밖에 없습니다.

연설자는 자신이 하려는 말을 간단명료하게 정리할 줄 알아야 합니다. 그래야만 청중에게 인상 깊은 연설을 하고, 연설의 목표를 명확히 실현할 수 있지요. 다시 한 번 과유불급이라는 사자성어를 되새겨봐야 합니다.

잠깐, 대화의 기술이 필요해

■ 열두 번째 이야기 ; 잘난 체하면 안 돼요

사람은 저마다 재능에 차이가 있습니다. 누구는 국어를 잘하고, 누구는 수학에 재능이 있지요. 누구는 노래를 잘하고, 누구는 운동에 소질이 있습니다.

물론 공부도 운동도 노래도 잘 못하는 친구 역시 있겠지요. 하지만 그 친구는 자신의 재능이 아직 드러나지 않았을 뿐입니다. 훗날 그 친구에게 어떤 능력이 활짝 꽃피게 될지 아무도 알 수 없습니다.

그러므로 내가 상대방보다 조금 나은 면이 있다고 우쭐대며 이야기를 하면 안 됩니다. 별볼일없는 사람일수록 잘났다고 으스대는 법이지요. 진짜 잘난 사람은 부족한 사람을 감싸안아줄 수 있어야 합니다.

다시 말하지만, 대화를 하면서 말로써 잘난 체한다면 못난 사람입니다. 무릇 재능은 말이 아니라 자연스럽게 행동으로 보여 줘야 하는 것입니다.

출처 -『초등 대화 기술』
(하늘땅사람 지음, 도서출판 책에반하다)

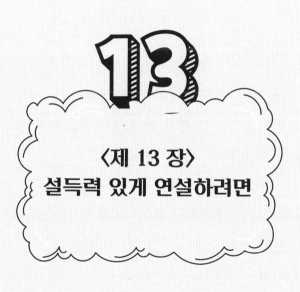

13

〈제 13 장〉
설득력 있게 연설하려면

〈첫 번째 이야기〉 '인식'을 이용해

"인간은 자신의 머릿속 생각이 반대 개념과 충돌하지 않으면 계속 사실로 받아들이는 경향이 있다." 이것은 미국 노스웨스턴대학교 총장을 지낸 월터 스콧의 말입니다.

무슨 말인지 선뜻 이해되지 않는다고요? 그러니까 그의 이야기는 사람이 한번 머릿속에 입력한 생각을 좀처럼 바꾸지 않는다는 의미를 담고 있습니다. 그 생각을 바꿀 만큼 획기적인 반대 개념을 받아들이지 않는다면 말이지요.

그와 같은 인간의 심리를 잘 이용하는 것이 다름 아닌 광고입니다. 예를 들어 광고를 통해 '코카콜라가 가장 시원하고 맛있어.'라는 이미지를 사람들 머릿속에 '인식'시키면 오랜 시간이 지나도 좀처럼 그 판단을 바꾸지 않지요. 여기서 인식은 사람이 어떤 대상에 대해 갖는, 그것이 사실이라고 믿는 생각을 뜻합니다.

흔히 사람들은 그럴듯한 이미지와 설명에 쉽게 믿음을 갖고는
합니다. 무엇을 의심해 질문하려면 경험과 지식이 필요한데, 많
은 사람들은 그 일을 번거롭게 여기지요. 그래서 광고의 경우처
럼 자신에게 제시되는 정보를 무의식중에 그대로 믿을 뿐입니다.

그러므로 연단에서도 연설자가 자신이 의도하는 내용을 청중에게 효과적으로 인식시킬 필요가 있습니다. 그렇게 한번 인식된 내용은 오랫동안 청중에게 영향을 끼치니까요. 그 생각을 완전히 뒤엎을 만한 정보가 제공되지 않는 한 청중은 그날의 연설 내용을 사실로 믿어 의심치 않습니다. 마치 한 편의 광고처럼 연설자의 의도가 청중의 머릿속에 자연스럽게 스며드는 것이지요.

인간은 의외로 논리적인 존재가 아닙니다. 모든 것을 깊이 판단해 행동하는 것처럼 보이지만 한번 인식된 생각에 얽매이기 일쑤지요. 연설자는 바로 그와 같은 인간의 속성을 잘 이용해야 합니다. 연설자가 의도하는 바를 분명히 인식시키기 위해 노력해야 하지요. 물론 그 일에 성공하려면 청중에게 하는 질문 하나에도 치밀함이 필요합니다.

예를 들어 보겠습니다.

내가 상대방에게 "커피 안 마실 거지요?"라고 물으면 "네, 안 마실 거예요."라고 대답하기 십상입니다. 그런데 상대방에게 "지금 커피를 마실래요, 좀 이따가 마실래요?"라고 물으면 지금이든 나중이든 커피를 마시겠다고 대답할 확률이 높지요.

앞에 한 질문의 경우, 내가 이미 상대방에게 커피를 마시지 말라는 인식을 심어준 것과 다름없습니다. 반대로 다음에 한 질문은 내가 상대방에게 언제든 커피를 마시라는 인식을 갖게 한 것이고요. 연설자가 청중을 어떻게 인식시키느냐가 그만큼 중요하다는 말입니다.

〈두 번째 이야기〉 '숫자'를 이용해

'숫자'를 제시하는 것만큼 청중의 관심과 이해력을 끌어올리는 자료도 별로 없습니다. 다음의 두 문장을 비교해보겠습니다.

(가) 당신은 금연해야 돈도 절약하고 건강하게 살 수 있습니다.
(나) 당신은 한 갑에 5천 원짜리 담배를 매일 피우고 있습니다. 그 습관만 버리면 1년에 1,825,000원을 모을 수 있지요. 게다가 건강은 덤이고요.

여러분이 청중이라면 어떤 방식으로 이야기하는 연설자에게 더 호응할까요?

말하나 마나 (나)입니다. (가)가 그냥 단순하고 재미없는 충고라면, (나)는 금연의 효과를 청중이 실감하게 하지요. 그것이 바로 숫자의 힘입니다.

나는 한 강연에서 열심히 연설하다가 20초 동안 침묵했습니다. 연설자가 갑자기 아무 말도 하지 않자 무슨 사고라도 났나 싶어 많은 청중이 내게서 눈을 떼지 못했지요. 슬며시 주위를 두리번 거리는 사람들도 보였습니다. 정확히 20초 후 내가 다시 말문을 열었지요.

"여러분, 제가 얼마 동안 이야기를 멈추었는지 아시나요? 딱 20초입니다. 그 사이 아프리카에 사는 또 한 명의 어린이가 굶주림과 물 부족으로 생명을 잃었습니다."

그날 나는 침묵하지 않고 "지금 아프리카에서는 수많은 어린이들이 굶주림과 물 부족으로 죽음을 맞고 있습니다."라고 말할 수도 있었습니다. 하지만 20초라는 구체적인 숫자를 제시해 심각성을 더 잘 깨우치게 했고, 그 시간 동안 잠시 이야기를 멈춰 20초가 얼마나 짧은지 청중이 실감하게 했지요.

〈세 번째 이야기〉 '반복'을 이용해

선생님은 학생들에게 복습의 중요성을 자주 이야기합니다. 인간은 대체로 한 번 본 것보다 여러 번 '반복'해서 본 것을 더 잘 기억하는 법이니까요. 심지어 인간은 사실이 아닌 것조차 여러 차례 반복해서 이야기하면 그대로 믿는 모습을 보이기도 합니다.

무엇이든 반복하면 '축적'되게 마련입니다. 축적이란 지식이나 경험 따위가 차곡차곡 쌓이는 것을 의미하지요.

나는 얼마 전 『효과적인 말하기』라는 연설 지침서를 읽은 적이 있습니다. 거기에서 다음과 같은 인상 깊은 구절을 보았습니다.

'연설자는 청중이 처음 받은 감동을 지속시킬 수 있어야 한다. 연설자로부터 받은 신선한 자극이 오래도록 유지되게 하려면 반복의 기술을 발휘할 필요가 있다. 연설 내용 중 청중이 꼭 기억했으면 하는 부분을 지루하거나 거슬리지 않게 반복하는 것이다. 그 과정이 성공적으로 마무리되면 청중은 오랜 시간이 지나도 연설자의 바람대로 스스로 변화를 시도하게 된다. 그것을 축적의 효과라고 한다.'

〈네 번째 이야기〉 '권위'를 이용해

요즘은 '권위'가 부정적인 의미로 쓰이는 경우가 적지 않습니다. 하지만 원래 권위는 나쁜 의미를 담은 단어가 아니지요. 남을 지휘하거나 통솔하여 따르게 하는 힘을 가리키니까요. 또는 일정한 분야에서 사회적으로 인정받아 영향력을 끼칠 수 있는 수준을 뜻하니까요.

내가 이번에 이야기하는 권위는 바로 그와 같은 긍정적인 의미입니다. 연설하면서 권위 있는 누군가의 말이나 글을 인용하면 한층 더 설득력을 높일 수 있지요. 나아가 많은 사람들이 유명인의 의견에 흔쾌히 동의하는 모습을 보이기도 합니다. 유명인이 앞장서면 그 뒤를 따라 청중이 우르르 쫓아가는 광경이라고나 할까요.

물론 유명인의 말과 글에 무조건 호응하는 청중의 모습이 항상 바람직한 것은 아닙니다. 유명인이 아닌 평범한 사람이 어떤 문제에 대해 더 슬기로운 해법을 제시하기도 하지요. 하지만 연설자 입장에서는 유명인의 권위에 기대어 설득력을 높이는 것에 여러 장점이 있는 것을 무시할 수 없습니다. 무엇보다 청중의 신뢰를 얻을 수 있으니까요. 아울러 연설에 지루함을 느낄지 모를 청중의 호기심을 자극할 수 있으니까요.

여기에 내가 몇 가지 더 조언한다면, 우선 사람들의 평가가 무난한 유명인을 언급하라는 것입니다. 사람들이 극단적으로 좋아하거나 극단적으로 싫어하는 유명인의 사례를 들면 불쾌해하는 청중이 있게 마련이지요. 그러면 강연 분위기가 예민해지기 십상입니다. 청중이 연설자의 말에 집중하기보다 사례로 든 유명인에 대해 이러쿵저러쿵 평가하기 때문이지요.

그렇다고 해서 뚜렷한 색깔 없이 상황에 따라 원칙을 내팽개치는 유명인을 언급하는 것도 바람직하지 않습니다. 그런 유명인이 청중의 모범이 될 수는 없으니까요. 한마디로 많은 사람들이 인정할 만한 자격을 갖춘 유명인을 사례로 들어야 합니다. 자칫 사회적 평판이 나쁜 유명인을 이야기했다가는 오히려 연설의 성공에 역효과를 불러올지 모릅니다.

그리고 하나 더 조언한다면, 청중의 기대와 수준에 어울리는 유명인을 언급하라는 것입니다. 만약 청중이 여러분과 같은 어린이라면 아이돌이나 스포츠 스타, 프로게이머 같은 사람들의 일화를 들려주는 것도 좋겠지요. 어린이를 청중으로 앉혀놓고 기업인이나 정치인의 말과 글을 사례로 들면 호기심을 불러일으키기 어렵습니다. 되도록 청중이 친밀감을 느낄 만한 유명인을 이야기해야 연설의 분위기가 편안해집니다.

잠깐, 대화의 기술이 필요해

■ 열세 번째 이야기 ; 절대로 험담하지 말아요

대화란 생각과 마음을 함께 나누며 이야기하는 것입니다. 뒤돌아서서 이러쿵저러쿵하는 것은 대화가 아닙니다.

"소은이 걔는 왜 말이 많은지 몰라. 공부도 못 하면서."
"나는 민수가 마음에 안 들어. 옷은 또 얼마나 화려하게 입는지......."

"쳇! 너희들 한별이가 얼마나 치사한 줄 아니?"

이런 말들은 대화가 아니라 험담입니다. 험담이 특히 나쁜 것은 등 뒤에서 말이 오간다는 점이지요. 나도 모르는 사이에 다른 사람들이 이러니저러니 나쁘게 말한다면 불쾌하게 마련입니다. 더구나 그런 말일수록 사실이 아닌 경우가 많지요.

누가 내게 다른 사람에 관한 험담을 늘어놓는다면 그 사람을 조심해야 합니다. 그 사람은 또 다른 사람에게 나에 관한 험담을 늘어놓을 가능성이 크니까요.

출처 –『초등 대화 기술』
(하늘땅사람 지음, 도서출판 책에반하다)

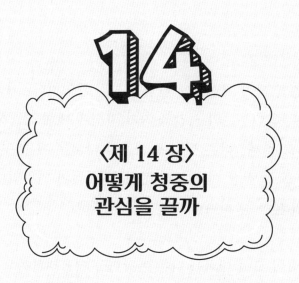

〈제 14 장〉
어떻게 청중의
관심을 끌까

〈첫 번째 이야기〉 청중은 자기 이야기를 좋아해

인간은 결국 자기 자신에게 관심을 가질 뿐입니다. 거의 모든 사람이 하루 중 대부분의 시간을 자기 자신에 대해 생각하지요. 좀 극단적으로 말해, 다른 나라에 지진이 나서 수천 명이 죽었다는 사실보다 오늘 점심 메뉴를 더 신경 쓰는 것이 인간입니다. 그것이 인간의 본능 중 하나라고 말할 수 있지요.

여러 사람이 모여 대화를 나누는 장면을 떠올려볼까요?

그중 어느 한 사람이 목청 높여 무언가를 계속 이야기하는데, 다른 사람들은 아무런 흥미를 느끼지 못합니다. 왜 그럴까요? 그 이유는 대개 그가 줄곧 자기 자신에 관한 이야기만 늘어놓기 때문입니다. 다른 사람들은 자기와 관련된 이야기가 아니므로 아무런 관심을 두지 않지요. 사람들은 자기 자신과 관련된 주제가 아니면 지루함을 감추지 못합니다.

이제 여러분은 내가 갑자기 인간의 본능을 언급하는 까닭을 알겠지요?

네, 그렇습니다. 연설을 할 때도 그와 같은 점을 꼭 기억할 필요가 있습니다. 연단에서 성공적인 연설을 하려면 청중이 피부로 실감할 만한 이야기를 들려줘야 하지요. 강연장에 들어선 청중이 자기 자신에 관한 주제라고 생각한다면 그 연설은 절대 실패하지 않습니다.

그럼 청중이 여러분과 같은 학생이라면 어떻게 해야 할까요?

그 경우 연설자가 학교와 학원에서 끊임없이 공부에 시달리는 학생들의 어려움에 공감하면 청중의 집중력을 높일 수 있을 것입니다. 연설 중간에 학생들이 열광하는 아이돌 스타 이야기를 곁들여도 좋겠지요. 그렇게 학생들의 관심을 끈 다음에 연설자가 전하고 싶은 메시지를 이야기하면 성공적인 연설이 될 가능성이 아주 큽니다.

그와 마찬가지로 청중이 평범한 회사원들이라면 기업의 연봉과 복지 등에 관한 이야기로 연설을 시작하는 것이 효과적입니다. 만약 운동선수들이 청중이라면 유명한 스포츠 스타들의 일화를 들려주며 꿈을 심어주는 것이 바람직하겠지요. 노인들을 대상으로 하는 연설이라면 무엇보다 건강 문제를 다루는 것이 집중력을 높이는 데 도움이 될 테고요.

사람들이 자기 자신에 대해서만 관심을 갖는 것을 이기주의라고 비판할 수는 있습니다. 그러나 그것은 분명한 현실이지요.

대중 연설을 하면서 현실을 외면하는 것은 어리석은 짓입니다. 옳든 그르든 현실을 인정하면서, 그런 가운데 연설자가 목표하는 바를 이루기 위해 최선을 다해야 합니다.

청중은 자신들의 삶에 직접 와 닿는 이야기를 좋아한다는 점, 꼭 명심하세요.

〈두 번째 이야기〉 '사람 이야기'를 들려줘

지금 이 순간에도 많은 사람들이 대화에 열중합니다. 집 안에서, 학교에서, 회사에서, 카페에서, 식당에서 다른 사람들과 이런저런 이야기를 나누고 있습니다.

그렇다면 사람들의 가장 흔한 대화 주제는 무엇일까요?

나는 그것이 '사람 이야기'라고 생각합니다. 자기 자신에 관한 것이든 타인에 관한 것이든, 사람 이야기가 빠질 수는 없지요. 요즘 유행하는 '뒷담화'라는 말도 따지고 보면 다 사람 이야기입니다. 다만 그 대상이 함께 자리하고 있지 않은 타인에 관한 이야기라는 특성이 있을 뿐이지요.

내게는 목사 친구가 있는데, 어느 날 그가 이렇게 말했습니다.

"이보게, 교회에 오는 신도들이 어떤 이야기에 가장 흥미를 느끼는지 아나? 물론 그들은 성경 말씀에 관한 나의 설교를 들으러 교회에 오지만, 그렇다고 해서 지루한 이야기를 듣고 싶어 하지는 않네. 이왕이면 재미있는 설교를 듣고 싶어 하지."

그의 말에 내가 호기심이 일어 반문했습니다.

"재미있는 설교라고?"

"그렇다네. 교회 신도들도 다른 사람들처럼 타인에 관한 이야기를 제일 흥미로워한다네. 사람이 사람 이야기를 좋아하는 것을 나무랄 수는 없지. 그래서 나는 설교할 때 종종 두 종류의 사람 이야기를 들려준다네. 한 사람은 어떤 일에 성공한 사람, 또 한 사람은 어떤 일에 실패한 사람 말일세. 두 사람의 이야기를 재미있는 일화로 풀어내 비교하면 신도들이 깊은 관심을 갖는다네. 나는 성공한 사람과 실패한 사람의 이야기를 통해 자연스럽게 하나님의 말씀을 전하는 것이지."

나는 목사 친구의 말에 공감했습니다. 그는 연설에서 사람 이야기가 얼마나 청중의 관심을 끄는지 잘 알고 있었지요. 그런 까닭에 그는 설교를 재미있게 하는 목사로 이웃 마을에까지 소문이 자자했던 것입니다.

어린이 여러분도 곰곰이 생각해보세요.

다른 사람과 친구들에 관한 이야기를 주고받으면 왠지 재미있지 않던가요? 누가 게임을 잘하고, 누가 노래를 못하고, 누가 누구를 좋아한다는 식의 이야기 말이에요. 그때 자리에 없는 친구를 모함하거나 친구의 허락 없이 비밀을 함부로 털어놓으면 절대 안 되지만, 사람에 관한 이야기만큼 귀가 솔깃한 것도 드물지요.

또 선생님께서 위인들의 일화를 들려주면 그냥 단조롭게 수업할 때보다 집중력이 높아지지 않던가요? 그 이유는 위인의 일화가 바로 사람 이야기이기 때문입니다. 많은 사람들이 알고 있는 위인들의 성공과 실패에 관한 이야기는 자연스럽게 교훈을 전하지요. 학생들이 그냥 재미있게 듣다 보면 스스로 깨우치는 것이 있다는 말입니다.

시청자들에게 인기 있는 텔레비전 프로그램을 봐도 사람 이야기를 다루는 경우가 아주 많습니다. 그 대상이 유명인이든 평범한 이웃이든 사람 이야기만큼 시청자의 관심을 끄는 소재도 별로 없지요. 사람들은 타인의 삶을 들여다보며 자신의 삶이 나아갈 바를 깨닫습니다. 타인의 이야기를 통해 마치 거울을 들여다보듯 자신을 돌아보게 됩니다.

그러므로 여러분이 청중의 관심을 끄는 연설을 하고 싶다면, 무엇보다 사람 이야기를 많이 준비해야 합니다. 그 어떤 사례도 사람에 관한 이야기만큼 청중을 몰입시키지는 못하지요. 우리 모두 인간이니까, 어떤 것보다 사람에 대해 호기심을 가질 수밖에 없습니다.

〈세 번째 이야기〉 구체적으로 이야기해

다른 장에서도 강조했지만, 연설 내용은 구체적일수록 좋습니다. 연설자가 막연하게 이야기하면 청중이 그 내용을 제대로 이해하기 어렵지요.

다음의 2가지 이야기를 비교해보세요.

(가) 마르틴 루터는 어린 시절에 고집이 셌다.
(나) 마르틴 루터는 엄마에게 고집을 부리다가 회초리를 20대나 맞은 적이 있다.

여러분은 2가지 이야기 중 어느 쪽에서 마르틴 루터가 고집이 셌다는 사실이 더 실감나나요?

네, 대부분 (나)라고 대답하겠지요. 왜냐하면 (가)에 비해 (나)가 구체적인 설명이기 때문입니다. 하나 더 예를 들어보지요.

(가) 마이클 리는 가난하지만 정직한 부모 밑에서 태어났다. 그의 부모는 시장에서 튀김 장사를 하며 자식들을 키웠다.

(나) 마이클 리의 부모는 시장에서 튀김 장사를 하며 싸구려 기름을 쓰거나 무게를 속이는 법이 없었다. 그래서 돈을 잘 벌지 못했지만, 열심히 자식들을 키웠다.

여러분은 (가)와 (나) 중 어느 쪽 이야기에서 마이클 리 부모님의 정직함이 더 잘 느껴지나요?

당연히 (나)가 마이클 리 부모님의 올바른 인성을 나타내는 데 훨씬 효과적입니다. '싸구려 기름을 쓰거나 무게를 속이는 법이 없었다'라는 말이 (가)의 '정직한'이라는 단순한 표현보다 구체적이기 때문이지요.

제 도끼에 발등 찍힌다.(한국 속담)
싱가포르의 국토 면적은 서울과 비슷하다.

연단의 연설자가 위 속담을 들려준다면 청중의 머릿속에 도끼에 찍힌 자기 발등이 떠오르며 고통까지 상상하게 되지 않을까요? 또 그냥 작은 나라라고 말하는 것보다, 서울만 한 크기라는 표현으로 싱가포르가 얼마나 작은지 실감할 수 있지 않나요? 이와 같은 구체적인 연설을 통해 청중이 연설자에게 좀 더 관심을 기울이게 됩니다.

잠깐, 대화의 기술이 필요해

■ 열네 번째 이야기 ; 핵심을 잘 파악해요

쓸데없이 말이 많은 사람이 있습니다. 주위가 산만해 앞뒤 없이 이런저런 이야기를 막 쏟아내는 사람도 있지요. 그런 사람들일수록 무엇을 말하려는지 감을 잡기 쉽지 않습니다.

그렇다고 조리 있게 말하는 사람들하고만 이야기하며 살 수는 없는 노릇입니다. 누구와도 원만하게 대화를 나눌 줄 알아야 하지요. 세련된 말재주가 없는 사람의 말뜻을 제대로 헤아리는 것은 매우 훌륭한 능력입니다.

생쥐든 코끼리든 심장은 하나뿐입니다. 심장이 쉴 새 없이 움직여 신선한 피를 계속 돌리기 때문에 생명을 유지할 수 있지요. 그 동물이 죽었는지 잠들었는지 알고 싶다면 심장의 위치를 파악해 귀를 대보면 됩니다.

우리가 나누는 대화도 마찬가지입니다. 대화의 심장이 어느 부분인지 알아채 좀 더 가까이 귀를 기울여보아야 하지요. 그러면 엄청나게 말을 쏟아 부어도 그 사람이 무엇을 이야기하려는지 핵심을 알아챌 수 있습니다. '대화의 심장'을 알면 '대화의 덩치'가 아무리 커도 그 뜻이 정확하게 느껴진다는 말입니다.

출처 - 『초등 대화 기술』
(하늘땅사람 지음, 도서출판 책에반하다)

**〈제 15 장〉
청중의 행동 이끌어내기**

〈첫 번째 이야기〉 청중의 마음을 움직여

청중이 연설을 듣고 나서 스스로 변화하게 하려면 마음을 움직여야 합니다. 청중의 마음이 움직이지 않는데 억지로 달리 행동하게 해봤자 아무 소용없는 일이지요. 연설자로서 다른 사람들의 마음을 움직이는 것은 아무나 갖지 못하는 특별한 재능입니다.

그럼 청중의 마음과 행동을 차례로 변화시키기 위해 연설자는 어떻게 해야 할까요?

첫 단계는 청중의 주목을 받아야 합니다. 연단에 서 있는 연설자를 향해 청중이 기대어린 눈길을 보내도록 만들어야 하지요. 기대가 없으면 관심을 갖지 않는 법이니까요.

청중의 주목을 받으려면 무엇보다 연설 준비를 철저히 해야 합니다. 연설을 시작하면서부터 청중의 집중력을 불러일으킬 만한 내용을 이야기하도록 노력해야 하지요. 다른 조건들이 아무리 훌륭해도 내용이 부실한 연설은 결코 성공할 수 없습니다.

그리고 이미 다른 장에서 설명했듯 강연장 분위기와 연설자의 몸가짐도 중요합니다. 적절한 넓이의 강연장과 조명 시설, 연설자의 단정한 옷차림과 세련된 제스처 등이 청중의 몰입을 돕지요. 청중이 연설자에게 주목하면 성공적인 연설의 첫 단추를 잘 채우는 셈입니다.

그 다음 두 번째 단계는 청중의 신뢰를 얻는 것입니다. 청중의 신뢰를 얻지 못한 연설자는 어떤 말을 해도 믿음을 주지 못하지요.

청중의 신뢰를 얻기 위해 연설자가 반드시 갖춰야 할 태도는 진실성입니다. 아무리 똑똑하고 재치 넘치는 연설자라 하더라도 진실성이 없으면 청중의 행동 변화를 이끌어낼 수 없지요. 여러분 주변에서도 솔직하고 꾸밈없는 친구들이 더 인기 있지 않나요? 인간은 언제나 진실한 사람에게 마음을 열게 마련입니다.

나는 어느 유명인의 강연에 참석했다가 청중이 보인 뜻밖의 반응에 놀란 적이 있습니다. 그날의 연설 분위기는 대체로 좋았습니다. 연설자가 워낙 유명한데다 말솜씨가 뛰어났기 때문이지요. 자기 분야에 대해 아는 것도 많아 전문성까지 갖춘 연설이었습니다.

그런데 그처럼 화기애애하던 연설이 끝나고 나서 많은 청중의 얼굴에 왠지 모를 공허함이 엿보였습니다. 한마디로 재밌는 연설이기는 한데, 청중의 행동 변화를 이끌어낼 만한 수준은 아니었지요.

그 이유는 바로 연설자의 진실성이 부족했기 때문입니다. 그날의 연설자는 마치 쇼를 하듯, 줄곧 청중 앞에서 가면을 쓰고 연기하는 것처럼 보였지요. 강연에 참석한 사람들은 텔레비전에서 보던 그의 모습을 또다시 확인하려고 그 자리에 모인 것이 아니었습니다. 그들은 연설자에게서 그동안 접하지 못했던 진실성을 느끼고 싶어 했지요. 진실성은 연설자가 청중 앞에서 반드시 갖춰야 할 올바른 자세입니다.

〈두 번째 이야기〉 개인적인 경험을 들려주고 귀를 열어

청중은 연설자의 개인적인 이야기에 관심이 많습니다. 때때로 유명인의 일화를 들려줘 청중의 호기심을 자극하는 것도 좋지만, 연설자 자신의 특별한 경험담을 털어놓아 친밀감을 느끼게 할 필요가 있지요. 청중이 연설자에게 친밀감을 가져야 스스로 행동의 변화에 나서게 됩니다.

같은 날 다른 장소에서 2명의 전문가가 강연한다고 가정해보겠습니다.

그중 한 명의 전문가는 이론 중심의 연설을 한다고 알려져 있습니다. 그는 인터넷에서 다양한 사람들의 사례를 조사해 청중에게 들려주지요. 그리고 다른 한 명의 전문가는 이론보다 자기가 실제 관찰하고 경험한 사례를 중심으로 연설합니다. 그는 이따금 자신의 비밀스런 이야기까지 솔직히 덧붙여 청중을 깜짝 놀라게 하지요.

만약 여러분이 청중이라면 어느 쪽 강연에 참석하고 싶나요?

나라면 두 번째 전문가의 강연장으로 발걸음을 옮기겠습니다. 연설자가 직접 자기 이야기를 들려주는 것만큼 청중을 실감나게 하는 것도 없으니까요. 그런 연설을 들으면 마치 연설자가 내 앞에서 개인적인 비밀 이야기를 털어놓는 것처럼 느껴지기도 합니다.

사실 대부분의 사람들은 유명인의 일화를 듣고 어떤 변화를 행동으로 옮기지 않습니다. 유명인의 삶은 나와 전혀 다른 딴 세상 이야기처럼 여겨지는 탓이지요. 그러나 눈앞에 서 있는 평범한 연설자가 자신의 개인적인 경험담을 들려주면 너나없이 진지한 관심을 보이게 됩니다. 그 정도 변화는 누구나 행동으로 옮길 수 있다는 자신감이 들기 때문이지요.

그리고 한 가지 더 강조한다면, 연설자가 청중의 의문과 질문에 귀를 열어야 한다는 것입니다. 연설자의 관찰과 경험은 지극히 개인적인 것이므로 일부 청중의 생각이 다를 수 있지요. 당연한 말이지만, 어느 누구도 다른 사람에게 자신의 생각을 강요할수는 없습니다. 그러므로 연설자는 청중이 고개를 가로젓거나 정반대의 의견을 내더라도 기꺼이 귀를 기울여야 합니다. 그래야만그들도 연설자가 바라는 대로 행동을 변화시킬 가능성이 있으니까요.

상대방을 너그럽게 만들려면 나부터 상대방의 비판을 흔쾌히 받아들여야 합니다. 그와 같은 마음을 가진 연설자에게 청중은 친밀감을 보이며 연설의 내용을 신뢰합니다.

〈세 번째 이야기〉 동기 부여가 필요해

'동기 부여'란, 어떠한 목적이나 이루고자 하는 목표를 위해 노력하도록 동기를 자극하는 것을 말합니다. '동기'는 어떤 일이나 행동을 일으키게 하는 계기를 일컫지요.

그러므로 연설자가 청중의 행동 변화를 이끌어내려면 적절한 동기 부여를 해줘야 합니다. 청중이 스스로 움직일 계기를 마련해줘야 한다는 뜻이지요. 청중에게 동기 부여를 하는 가장 좋은 방법은 인간의 욕망을 북돋는 것입니다.

인간에게는 다양한 욕망이 있습니다. 그중에는 이익을 얻으려는 욕망, 자신을 보호하려는 욕망, 타인에게 인정받으려는 욕망 등도 포함되지요. 연설자가 그런 욕망들을 올바른 방향으로 자극하면 청중이 행동에 변화를 가져오게 됩니다.

연설자가 이익을 얻고 싶어 하는 욕망을 북돋우면 청중이 어떻게 달라질까요?

많은 사람들이 경제적 이익을 얻겠다는 동기 부여가 돼 더욱 부지런히 일하게 됩니다. 아침 일찍 일어나 일터로 나가고, 쓸데없는 낭비를 삼가겠지요. 꼭 물질적인 이익이 아니더라도 인간관계나 취미 활동 등에서 무언가를 얻고 싶어 좀 더 열심히 생활하게 됩니다.

연설자가 자신을 보호하려는 욕망을 북돋우면 청중이 어떻게 달라질까요?

많은 사람들이 젊을 적에는 건강의 소중함을 잘 느끼지 못합니다. 그러나 연설자가 건강을 잃어버린 삶의 위험성을 제대로 설명하면, 그것이 동기 부여가 돼 지금부터라도 건강관리를 철저히 하게 되지요. 또 위험한 놀이나 장난이 가져올 손해와 고통을 실감나게 이야기하면 많은 사람들이 자신의 잘못된 생활방식을 되돌아보는 계기가 될 것입니다.

그리고, 연설자가 타인에게 인정받으려는 욕망을 북돋우면 청중이 어떻게 달라질까요?

누군가에게 인정받으려는 욕망은 자칫 비뚤어진 탐욕으로 나타날 수도 있습니다. 어떤 사람들은 타인 앞에서 비굴하거나 폭력적인 모습을 내보이기도 하지요. 하지만 그 욕망이 올바른 방향으로 발전하면 인생에 더욱 최선을 다하는 긍정적인 변화를 가져옵니다. 바로 그런 면에서 연설자의 역할이 필요하지요.

연설자가 타인에게 인정받으려는 욕망을 북돋우면 청중이 자신의 삶에 충실하게 됩니다. 학생이라면 공부에 열중하고, 직장인이라면 회사 생활에 열정을 불사르겠지요. 사람에게 동기 부여를 하는 데 욕망을 자극하는 것만큼 좋은 방법도 없습니다.

수년 전 나에게 한 대학생 축구 선수가 찾아와 고민 상담을 한 적이 있습니다. 그는 나중에 유럽 프로 리그로 가서 활동하는 선수가 되고 싶은데 실력이 별로 늘지 않아 걱정이었지요. 내가 그에게 물었습니다.

"혹시 학생은 술이나 담배를 하나요?"
"네, 둘 다 종종 합니다. 경기에 진 날에는 과음하기도 하고요."

나는 그의 말을 듣고 심각한 표정을 지었습니다. 운동선수가 술과 담배를 즐기는 것은 바람직하지 않지요. 그러나 나는 그 점을 꾸짖기 전에 프로 선수가 되는 미래의 멋진 모습을 새삼 일깨워 주었습니다.

"지금까지 축구를 했으면 프로 선수가 되어 관중의 환호를 들어 봐야 하지 않겠어요? 그 무대가 유럽 프로 리그라면 더 바랄 나위 없겠지요. 재능에 앞서 중요한 것이 절제와 노력입니다. 지금부터라도 학생이 마음가짐을 단단히 한다면, 설령 유럽이 아니더라도 어느 무대에서나 인정받는 프로 선수가 될 수 있을 겁니다."

그로부터 몇 달이 지나고 나서, 나는 그 선수의 이름을 신문에서 보게 되었습니다. 그가 큰 대회에서 두 골이나 넣었다는 기쁜 소식이었지요. 그는 인터뷰 기사에서 술과 담배를 완전히 끊었다는 말도 했습니다. 그날 나의 상담이 그에게는 축구에 더욱 최선을 다하는 동기 부여가 됐던 것이지요. 내가 축구에 대한 그의 욕망을 긍정적으로 북돋웠던 것입니다.

잠깐, 대화의 기술이 필요해

■ 열다섯 번째 이야기 ; 가르치려고 하지 말아요

　고대 그리스 철학자 소크라테스는 진리 탐구의 방법으로 '대화법'을 사용했습니다. 대화법이란 상대방에게 질문하고 답을 얻는 과정을 통해 조금씩 올바른 개념에 다다르는 것이지요.

　소크라테스처럼 위대한 철학자가 제자들에게까지 자기 생각을 무조건 강요하지 않았다는 사실이 놀랍지 않나요? 소크라테스는 지식의 길잡이 역할만 한 채 제자들이 스스로 깨닫도록 참을성 있게 기다려주었습니다.

그런데 우리는 얕은 지식을 밑천으로 너무 쉽게 상대방을 가르치려 들고는 합니다. 조금만 잘못해도 상대방을 꾸짖으며 충고를 늘어놓지요. 그런 상황에서 상대방이 깨달음을 얻기는 어렵습니다. 오히려 반감만 사기 십상이지요.

우리는 소크라테스의 대화법을 일상생활을 하며 나누는 대화에도 적용할 필요가 있습니다. 섣불리 남을 가르치려 들 것이 아니라, 이런저런 이야기를 통해 상대방이 스스로 느끼고 깨닫게 해야 바람직하다는 말이지요. 그러다 보면 우리는 오히려 자신의 생각이 틀렸다는 것을 깨우치게 될 때도 있습니다.

출처 - 『초등 대화 기술』
(하늘땅사람 지음, 도서출판 책에반하다)

[책을 닫으며]

연설을 잘한다는 것은 말을 잘한다는 것과 크게 다르지 않습니다. 말을 잘한다는 의미는 겉만 번지르르하고 내실 없는 사탕발림이 아니라, 상대방이 마음을 열고 진정으로 귀 기울이게 하는 능력을 일컫지요. 나아가 말을 잘하면 상대방에게 감동을 줄 수도 있습니다.

그럼 말을 잘하고 연설을 잘하려면 어떻게 해야 할까요?

첫째, 모국어를 정확하고 세련되게 구사할 줄 알아야 합니다.

여러분에게 모국어는 다름 아닌 한국어입니다. 요즘은 워낙 영어의 중요성을 강조하다 보니 오히려 모국어 능력을 가볍게 여기는 경향이 있지요. 하지만 언어학자들은 모국어를 잘하는 사람이 외국어도 수준 높게 구사하게 된다고 강조합니다. 설령 영어 실력이 좋아도 모국어로 말하고 쓰는 능력이 형편없으면 금방 한계를 드러내고 말지요.

"교육의 중요한 역할 중 하나는 학생들이 모국어를 정확하고 품위 있게 사용하도록 가르치는 것이다."

미국 하버드대학교 총장을 지낸 찰스 엘리엇이 한 말입니다. 한마디로 모국어 능력은 그 사람의 언어 수준을 보여주며, 그것은 곧 말하고 연설하는 능력과 비례합니다.

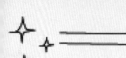

둘째, 독서를 습관화해야 합니다.

요즘은 인터넷 문화가 발달해 책을 읽는 사람이 점점 줄어드는 시대입니다. 굳이 독서하지 않아도 쉽게 정보를 얻을 수 있고, 책 읽은 것보다 재미있는 일이 주위에 수두룩하기 때문이지요. 그러나 독서는 여전히 인간의 사고 능력과 언어 능력을 키워주는 가장 훌륭한 수단입니다. 그것은 인터넷 검색을 통해 얻는 단순한 정보와 달라, 세상에 대한 깊이 있는 인식과 올바른 삶의 가치관을 갖게 하지요.

미국의 종교학자 존 브라이트는 15살까지만 학교 교육을 받았습니다. 그 이후에는 생계를 꾸리느라 공장에서 일해야 했지요. 하지만 그는 훗날 최고의 종교학자이자 유명 연설자로 이름을 떨쳤습니다. 그가 성공을 이룬 밑바탕에는 바로 독서가 있었지요. 그는 "도서관에 올 때마다 인생이 별로 길지 않다는 사실이 슬프다. 이렇게 읽을 책이 많은데 시간은 한정돼 있으니까."라고 고백할 정도로 독서를 좋아했습니다.

셋째, 주변 사람들이 가진 장점을 배워야 합니다.

'세상 모든 사람들에게서 배울 점을 찾는 사람이 가장 슬기롭다.'

이것은 오랜 세월 동안 유대인의 정신적 지주 역할을 해온 『탈무드』에 나오는 구절입니다. 나 아닌 모든 사람들에게 배울 점이 있으니, 그것을 정확히 알아채 자신의 발전에 도움이 되게 하라는 뜻이지요.

하지만 나는 그 말을 조금 수정하고 싶습니다. 주위 사람들에게서 배울 점을 찾되, 그럴 만한 자격을 갖춘 사람들로 한정해야 하지요. 특히 언어 능력은 어떤 사람들과 가까이 하느냐에 따라 크게 영향을 받습니다. 여러분 주위에 욕설이나 험한 말을 하는 친구들이 많으면 자기도 모르게 종종 그런 모습을 보이는 것처럼 말이지요.

그와 달리 여러분 주변에 독서를 좋아하고 품위 있는 언어를 사용하는 친구들이 많으면 자신도 그 영향을 받는 것을 느끼게 됩니다. 에이브러햄 링컨은 평소 문학인들과 자주 자리를 함께했지요. 그는 문학인들을 통해 다채로운 언어 표현 방법을 배우고 상대방을 설득하는 요령을 터득했습니다. 만약 링컨이 정치인들하고만 교류했다면 남다른 연설 실력을 갖기 어려웠을지 모르지요. 그러니 여러분도 정확하고 품위 있게 말하는 친구들과 가까이 지내며 자신의 언어 습관을 돌이켜볼 필요가 있습니다.

넷째, 상투적인 말 대신 늘 새로운 표현을 공부해야 합니다.

'상투적'이란 '늘 써서 버릇이 되다시피 한'이라는 뜻입니다. 연설자가 연단에 올라 상투적인 표현만 늘어놓는다면 청중의 관심을 끌지 못합니다. 똑같은 내용이라 하더라도 참신한 표현으로 이야기해야 청중의 몰입을 이끌어낼 수 있지요. 사람들은 새로움 없이 지루하게 이어지는 일이나 말에 금세 흥미를 잃어버리기 일쑤입니다.

그렇다면 상투적인 말 대신 새로운 표현을 사용하기 위해 어떤 노력을 해야 할까요?

앞서 독서의 중요성을 설명했는데, 책을 읽는 태도에도 옳고 그름이 있습니다. 어떤 사람은 한 권의 책을 읽어도 그냥 별 생각 없이 스토리만 따라갈 뿐이지요. 그에 비해 어떤 사람은 책의 내용을 여러 번 곱씹으면서, 낯선 단어와 개념어들을 공부합니다. 그는 자기가 모르는 어휘를 발견하면 당장 사전을 찾아 정확한 의미를 익히지요. 꼭 책이 아니라 신문 등을 읽을 때도 마찬가지입니다. 그러다 보면 연설자로서 갖는 언어 능력도 훨씬 발전하게 되지요.

캐슬린 노리스는 아름다운 문체를 구사했던 작가로 잘 알려져 있습니다. 노리스는 자신이 쓴 글을 몇 번이나 반복해서 퇴고했지요. 그녀는 "나는 내가 쓴 글을 읽어보며 진부한 표현을 찾아내는 데 집중합니다. 독자들은 상투적인 표현에서 아무런 감동도 느끼지 못하니까요."라고 말했습니다. 그 원칙은 연설에도 똑같이 적용할 수 있습니다.

말과 연설은 그 사람의 품격을 드러냅니다. 말하고 연설하는 것만 들어봐도 그 사람이 어떤 환경에서 일하며, 어떤 사람들과 친하게 지내는지 짐작할 수 있지요. 그 사람의 교육 수준과 교양도 헤아릴 수 있고요.

그러므로 어떻게 말하고 연설하는지는 여러분의 삶에 아주 중요합니다. 인생을 살아가다 보면 무슨 내용을 어떻게 말하고 연설하는지에 따라 자신을 평가받는 순간이 종종 있지요. 그런 점에서, 나는 여러분이 이 책을 통해 말하고 연설하는 능력을 조금이나마 향상시키기를 바랍니다. 어린 시절부터 그렇게 노력하면 훗날 대학생이 되고 사회인이 되었을 때 좀 더 효과적으로 자신을 표현할 수 있습니다.

Dale Harbison Carnagey

10대를 위한 데일카네기 성공대화론

초판 발행 2024년 7월 7일
초판 인쇄 2024년 7월 17일

지은이   콘텐츠랩   **그림**   지연
펴낸이   김태헌
펴낸곳   핑크물고기

주소   경기도 고양시 일산서구 대산로 53
출판등록   2021년 3월 11일 제2021-000062호
전화   031-911-3416
팩스   031-911-3417